그래도 사람은
달라질 수 있다

그래도 사람은
달라질 수 있다

아직 다
자라지 못한
어른들을 위한
심리수업

다카하시 가즈미 지음
이정환 옮김

🌱 **나무생각**

차례

들어가며

어른은 더 성장할 필요가 없을까

자신을 철저하게 객관적으로 바라본다는 것은 쉬운 일이 아니다. 자신과 하나가 되어 살아가는 것은 그보다 더 어려운 일이다. 인간의 발달이란, 자신의 내부에서 좀 더 자기다운 자신을 발견하는 것을 말한다. 성인이 되고 나면 이 작업을 중단해버리는 경우가 많다. 자신은 물론이고 자신을 둘러싸고 있는 세상도 더 이상 바뀌지 않는다고 믿어버리기 때문이다.

스트레스와 인생에 대한 해석에 관하여

스트레스는 나쁜 것일까

우리는 스트레스가 외부로부터 찾아오는 것이라고 생각한다. 어느 날 갑자기 스트레스가 찾아와 정신적, 육체적 고통을 안겨준다고 생각한다. 그렇기 때문에 스트레스가 적은 생활을 누리려면 생활 환경을 양호하게 유지하고 스트레스를 느낄 수 있는 장소에는 가까이 가지 않도록 신경을 쓰면서 생활해야 한다고 여긴다. 또 실제로 그렇게 살기 위해 노력한다.

하지만 이것은 잘못된 생각이다. 스트레스는 외부로부터 일방적으로 찾아오는 것이 아니다. 물론 스트레스의 계기는 외부에 존재하는 경우가 대부분이지만 그런 계기가 모두 스트레스를 유발하는 것은 아니다. 예를 들어, 우리는 지금까지 살아오면서 당시의 심리 상태에 따라 스트레스를 받아들이는 방식이 바뀐다는 사실을 경험했다. 즉, 스트레스는 외부로부터 찾아오는 경우도 있지만 각자의 내면 상태에 의해서 달라지는 경우가 더 많다.

예일대 정신과 교수였던 대니얼 프리드먼(Daniel Freedman)은 스트레스와 그것을 받아들이는 사람과의 관계를 다음과 같이 표현했다.

스트레스는 신체와 마음이 연결되어 이루어지는 증상이며 위험을 판단하고 반응하는 방법에 따라서도 달라질 수 있다. 스트레스의 방아쇠를 당기는 것은 위험에 대한 인지이지, 사건 그 자체가 아니다. 이러한 인지는 그 사람의 기질과 경험에 따라 달라진다.

_대니얼 프리드먼

즉, 스트레스란 우리 주변에서 발생하는 사건 그 자체가 아니라 우리가 사건을 어떻게 해석하는가에 따라 결정되는 것이다.

우리는 자신이 속해 있는 세상과 그 안에서 발생하는 사건을 각자 다양한 방법으로 해석하면서 하루하루를 살아가고 있다. 그 해석은 사람에 따라 미묘한 차이가 있으며 결코 동일하지 않다.

어느 날 아침 남편이 갑자기 상냥해졌다고 느꼈을 때, 어떤 사람은 남편에게 뭔가 좋은 일이 있는 것이라고 기대할 수도 있지만, 또 어떤 사람은 바람이라도 피우는 것이 아닌가 하고 의심할 수도 있다. 사람에 따라 같은 현상을 달리 해석하기 때문이다.

마찬가지로 스트레스도 사람마다 다르게 해석될 수 있다. 예를 들어, 아무런 설명도 듣지 못한 상태에서 갑자기 롤러코스터에 올라타게 된 아이는 정신적, 육체적으로 큰 충격을 받을 수 있다. 한편, 롤러코스터가 스릴을 즐기는 놀이기구라는 사실을 알고 올라탄 아이는 다음 날 친구들에게 자신의 경험을 자랑할 것이다. 같은 사건을 경험하더라도 그에 대한 해석은 사람에 따라 다르고, 그 결과 같은 사건이 어떤 사람에게는 커다란 스트레스가 되기도 하고 어떤 사람에게는 오히려 기쁨이 되기도 한다.

한편 스트레스를 받으면 신체에 다양한 물질적 변화가 나타난다. 아드레날린이나 노르아드레날린, 스테로이드 등 몇 종류의 화학물질이 분비되어 불안감이 상승하며 가슴이 두근거리거나 혈압이 올라가거나 손발이 떨린다.

이런 신체 변화를 스트레스가 유발하는 신체의 자동적인 반응인 것처럼 생각하지만 사실은 그렇지 않다. 일련의 변화를 일으키는 방아쇠 역할을 하는 것은 스트레스 자체가 아니라 어떤 사건에 직면했을 때 그것을 스트레스로 받아들이는 마음의 작용이다.

바꾸어 말하면, 사건에 대한 우리의 해석이 신체의 변화를 일으키는 것이다. 이런 해석은 우리의 의식 속에서 순간적으로 이루어지며 그것이 중추신경계를 통해 즉시 온몸으로 전달되어 다양한 증상으로 나타난다. 만약 같은 사건이라 해도 스트레스로 해석되지 않는다면 이런 일련의 신체 변화는 일어나지 않는다.

인생의 사건을 바라보는 눈

일상생활은 수많은 사건들의 연속이다. 아침 식사, 출퇴근, 거래처와의 상담, 서류 정리, 전화, 점심시간, 회의, 저녁의 여가 활동, 텔레비전 시청…. 우리는 매 순간을 끊임없이 해석하면서 살고 있다. 매일 비슷하게 되풀이되는 사건에 대해서는 우리의 해석이 고정되기 때문에 대체로 스트레스를 느끼지 않으며 특별한 즐거움도 느끼지 않는다. 하지만 새로운 사건이 발생하면 새로운 해석이 필요하고, 그 결과 우리는 그것을 스트레스 또는 즐거움이라고 느낀다.

이처럼 해석이 고정되어 있거나 새로운 해석이 필요하다는 차이는 있지만 일상생활은 끊임없이 되풀이되는 사건의 연속이고, 그에 대한 우리의 해석이 끊임없이 중첩된다는 것은 분명한 사실이다.

회사에서 발생하는 사건 하나하나에 늘 긴장 상태로 반응하는 사람은 퇴근 무렵이 되면 스트레스 때문에 몸과 마음이 완전히 지쳐버린다. 그는 만원 전철에 시달리며 녹초가 된 모습으로 간신히 집에 도착한다. 똑같은 일을 하더라도 그것을 스트레스로 느끼지 않는 사람은 일이 끝나도 아직 에너지가 넘치기 때문에 귀가 전에 스포츠 클럽에 들르거나 취미 활동에 에너지를 쏟아붓는다. 두 사람의 차이는 체력 차이가 아니라 사건에 대한 해석 차이다.

어떤 사건에 대한 해석의 차이는 스트레스뿐 아니라 인생의 시간도 바꾸어버린다. 그 결과 어떤 사람에게는 풍요로운 시간이 흐르고 어떤 사람에게는 늘 긴장된 시간만이 흐른다.

지금 눈앞에 당첨된 복권이 한 장 있다고 하자. 당첨 번호를 알고 있는 사람은 그것을 가지고 은행으로 달려가 엄청난 부를 손에 넣을 수 있다. 그러나 번호를 모르는 사람은 복권을 가지고 있어도 아무런 쓸모가 없는 단순한 종잇조각에 지나지 않는다. 심지어 당첨 복권인지 모르고 있는 상태에서 1년이 흘러 지급 기한이 지나버리면 정말로 종잇조각이 되어버린다. 두 사람의 차이는 당첨 번호라는 정보, 그 자체로는 아무런 생산성도 없는 몇 개의 숫자에 관한 정보를 알고 있는가 하는 것과 그 정보에 근거해 자신이 소유하고 있는 복권의 번호를 올바르게 해석할 수 있는가 하는 차이뿐이다. 지식과 그에 근거한 해석이 부를 좌우하는 것이다.

이 책에서는 당첨 복권의 해석과 유사한 일을 우리의 인생에도 적용할 수 있다는 것을 전하고 있다. 지금까지 몰랐던 사실을 알고 그것을 활용해 인생을 새롭게 해석할 수 있으면 같은 인생이라도 훨씬 더 풍요롭게 보낼 수 있다. 새로운 해석에는 눈을 돌리지 않고 고루한 해석만 하다 보면 인생은 바뀌지 않는다. 즉, 해석의 차이에 따라 똑같은 인생을 풍요롭게 보낼 수도 있고 빈곤하게 보낼 수도 있다.

만약 지금까지 자신이 적용해온 해석을 바꿀 수 있고 새로운 관점으로 자신과 사회, 인생을 재조명할 수 있게 된다면, 그 결과로 인생이 더욱 풍요로워진다면, 그 사람은 정신적으로 엄청난 발달을 이룰 수 있다. 누구나 성인이 되어서도 새로운 가치관을 획득해 정신적인 발달을 이룰 수 있다.

발달심리학 관점에서 보는 해석의 의미

먼저 심리학 분야에서 인간의 정신적인 발달을 어떻게 생각하고 있는지 간단히 소개해보고자 한다.

인간의 정신적 발달에 관하여 처음으로 상세하게 설명을 한 사람은 심리학자 에릭 에릭슨(Erik Erikson)이다. 그는 심리사회적 발달 이론을 발표하면서 영아에서부터 노년에 이르기까지의 인간의 정신 발달을 8단계로 구분하고 인간의 정신이 일생을 통해 발달한다고 제시한다.

그가 주장하는 정신 발달을 이해하는 키워드는 '자아정체성(identity)'이다. 자아정체성이란 자신이 어떤 사람인지를 이해하고 그것을 자신의 것으로 수용, 만족하는 것이다. 그리고 이 자아정체성을 실현해가는 과정이 정신의 발달이다.

일생을 꿰뚫어볼 수 있는 자아정체성의 전체적인 모습은 20대에 대부분 완성된다. 이때까지 사람은 자신이 어떤 존재이며 어떤 사람과 관계를 맺고 있고 사회에서는 어떤 역할을 담당해야 하는지를 자각하고, 그 역할을 자신의 것으로 수용한다.

이러한 자기수용에 성공한 사람은 어른으로서 안정된 정신을 획득한다. '나는 누구인가' 하는 질문에 대한 답으로 자신과 타인에게 보이는 이미지가 완성되는 것이다. 만약 자아정체성을 획득하지 못하면 정신적인 발달은 사춘기에 멈추어버려 나이를 아무리 먹어도 자신의 역할에 혼란을 느끼고 고독감이 깊어진다.

나이가 들면서 획득한 자아정체성은 더욱 연마되고 정신 발달의 최종 단계에서 '자아 통합 단계'라고 불리는 지점에 도달한다. 그리고 자신이 살아온 삶과 스스로에게 만족을 느끼고, 죽음까지 포함하는 자신의 인생을 수용하게 된다.

한편, 스위스의 심리학자이며 인지발달 이론을 수립한 장 피아제(Jean William Fritz Piaget)는 인간의 발달 단계를 "인간은 어떻게 복잡한 개념 조작을 할 수 있는가?"라는 논리학의 키워드로 정리했다.

피아제는 인간의 발달을 영아기, 유아기, 아동기, 사춘기, 성인기의 5단계로 구분했다. 즉, 언어를 이해하기 전의 영·유아기 단계부터 수많은 말을 구사할 수 있게 되는 아동기를 거쳐 최종적으로는 보다 추상적인 말을 '조작'해 복잡한 논리적 사고를 할 수 있는 성인기까지의 과정이다.

인간은 성인이 되어 추상적, 논리적인 말을 자유롭게 '조작' 할 수 있게 되면 비로소 자신의 내면과 타인과의 관계, 죽음을 생각할 수 있다. 자신, 인생, 죽음, 사랑, 시간이라는 추상적인 말은 아이들이 다룰 수 없는 것들이다. 20대에 이르러서야 완성되는 추상적, 논리적 사고 능력 덕분에 인간은 자신이 어떤 존재인가를 생각하고 마음속에 떠오르는 복잡하고 변화하기 쉬운 섬세한 감정을 분석할 수 있다. 이 능력을 획득하는 것이 정신적 발달이다.

에릭슨은 자아정체성을 실현해가는 발달 과정을 8단계로 구분했고, 피아제는 개념을 조작한다는 사고의 측면에 주목해 5단계로 구분했다. 각 단계의 구분 방식이나 키워드는 다르지만 두 사람 모두 인간의 정신적 발달에서 중요한 위치를 차지하는 부분들은 스무 살 즈음까지 거의 완성된다고 분석한다. 그래서 두 사람의 저서에도 영·유아기나 사춘기에 대해서는 상세하게 다루고 있지만 성인기 이후의 정신적 발달에 관해서는 자세하게 다루고 있지 않다.

반대로 생각하면 성인이 된 이후에는 그 이전에 인간이 경험하는 커다란 정신적 발달은 찾아볼 수 없다는 것을 의미한다. 에릭슨이나 피아제뿐만 아니라 프로이트를 비롯해 발달심리학을 연구한 대부분의 사람들이 가진 공통적인 해석이다.

지금까지 발달심리학의 주요 주제는 사람은 어떻게 성인이 되어가는가 하는 문제에 집중되어 왔다. 그러나 이런 심리학의 거대한 흐름에서 벗어나 인생 후반의 성숙한 인간을 연구의 중심으로 삼은 소수파의 심리학자도 있다. 그중 한 사람이 에이브러햄 매슬로(Abraham H. Maslow)다.

매슬로는 사람이 성장해 평균적인 성인이 되어가는 과정에는 그다지 흥미가 없었다. 그가 지속적으로 흥미를 가진 것은 평균적인 성인을 뛰어넘는 소수의 성인들, 인생을 즐겁게 받아들이는 사람들이었다. 매슬로의 말을 인용하자면 '자기실현'을 이룬 사람들, 즉 자신이 갖추고 있는 재능이나 잠재력을 충분히 개발해 밝은 인생을 살고 있는 사람들이다. 이 소수의 사람들은 특별한 사람이 아니라 오히려 매우 평범한 사람이다. 다른 성인과 차이점이 있다면 평범한 사람의 능력 또는 힘을 꺾어버리거나 억압하지 않는다는 것이다. 매슬로는 보통의 성인은 자기 자신을 더욱 발달시킬 수 있는 가능성을 갖추고 있다는 결론을 내렸다.

정신적 발달과 '성인의 해석'

나는 이 책에서 성인이 된 이후의 인간의 정신적 발달에 관하여 '해석'이라는 말을 주요 소재로 사용해 논의를 진행할 생각이다. 먼저 인간의 정신적 발달이 무엇인지를 '해석'의 관점에서 설명한다면 다음과 같다.

> 정신적 발달이란, 태어난 이후부터 성인이 되기까지의 단계를 거쳐 획득하는 각각의 발달 시기에서 볼 수 있는 특징적인 '세상'과 '자신'에 관한 해석이다.

우리는 태어난 이후 단계적으로 정신적 발달을 거쳐 성인이 된다. 그 과정에서 변하는 것은 자신과 자신을 둘러싸고 있는 세상에 대한 해석이다.

발달 단계를 영아기, 유아기, 아동기, 사춘기, 성인기의 5단계로 구분할 때 각 단계에는 저마다 특징적인 세상과 자신에 대한 해석이 있다. 새로운 해석을 획득했을 때 우리는 정신적으로 성장하고, 그 결과 영아기로부터 유아기로 옮겨가고, 나아가 아동기, 사춘기를 거쳐 성인이 된다.

성인과 영아의 정신적 발달의 차이는 자신과 세상에 대한 해석의 차이다. 영아의 입장에서 볼 때 세상은 어머니의 유방에서 전해진 부드러움과 모유가 가진 따뜻함이며, 자신은 그 부드러움과 따뜻한 감각을 갖추고 있는 '누군가'다. 영아는 이렇게 좁은 세상과 한정된 자신의 내부에서 살고 있다. 이것이 자신과 세상에 대한 영아의 해석이다. 그러나 이렇게 좁았던 세상은 유아기, 아동기로 성장하면서 점차 넓어진다. 어머니 이외의 타인을 인식하고 동료를 알게 되며 다른 대상들을 이해하게 되기 때문이다. 이때 세상은 더 이상 자신과 어머니만으로 이루어져 있지 않다.

사춘기로 접어들면서 세상은 더욱 넓어지고 자신과 사회의 관계를 이해하고 그 안에서 자신이 해야 할 역할을 배우기 시작한다. 이렇게 넓어진 세상은 서른 살 정도에 완성되고 우리는 자신과 세상에 대한 안정된 해석을 갖게 된다. 성인이 되어 갖게 된 완성된 해석을 이 책에서는 우리가 공통적으로 갖추고 있는 자신과 세상에 관한 해석, 즉 '성인의 해석'이라고 부르기로 한다.

자신과 세상에 대한 이해

그렇다면 우리가 공통적으로 획득한 '성인의 해석'은 자신과 세상을 어떻게 바라보는 것을 의미할까? 결론부터 설명하자면, 우리는 자신과 세상에 관한 '객관적인 이해'를 토대로 살고 있다고 말할 수 있다.

우리 주변에는 자신이 사용하고 있는 침대, 살고 있는 집, 도로, 시장, 교통수단 등의 물질적인 존재가 있고, 그 안에서 기능하고 있는 자신과 가족의 관계, 친구와 이웃 사람과의 관계, 회사 조직과의 관계, 즉 인간관계가 있다. 세상은 이렇게 물질적인 존재와 인간관계로 구성되어 있으며, 이 두 가지는 모두 우리에게 있어서 '객관적인 존재'에 해당한다.

'객관적'이라는 말은 물질적인 존재와 인간관계가 나의 기분 변화나 사고방식의 변화 때문에 영향을 받지 않고, 나와는 동떨어져 독립적으로 존재한다는 정도의 의미다. 내가 바라는 것이건 싫어하는 것이건 두 가지는 항상 변함없이 존재한다. 이것이 객관적이라는 말의 의미다.

이처럼 물질적인 존재와 인간관계라는 두 종류의 객관적

존재에 의해 세상이 구성되어 있다고 보는 것이 '성인의 해석'으로 보는 세상이다.

그렇다면 '자신'이란 무엇인가? '성인의 해석'에 의하면, 자신이란 물질적인 존재와 인간관계라는 객관적인 존재 안에서 생활하면서 그 두 가지의 존재에 의해 지탱되는 하나의 인간이다. 구체적으로는 가족에게 아버지나 남편으로서 인정을 받고 회사로부터 일을 받고 정부로부터 국민으로서 보호를 받는 것처럼 인간관계 속에서 유지되는 하나의 인간을 의미한다. 또 자신의 침대, 자동차 등을 소유하고 자신의 교통카드를 가지고 전철을 이용하는 식으로 물질적인 존재에 의해서도 유지되는 하나의 인간이다. 이것이 '성인의 해석'으로 보는 세상과 자신이다.

한편, 우리는 각각 직업, 가족, 거주지, 태어난 해가 달라도 자신과 세상에 관하여 공통 해석을 가지고 있다. '성인의 해석'이 근거로 삼고 있는 두 가지 객관적인 존재, 즉 물질적 존재와 인간관계는 누구에게나 공통된 것이기 때문이다. 이 공통의 토대 위에 서서 자신과 세상을 해석하는 우리 성인들은 결과적으로 그에 관하여 비슷한 가치관을 가지게 된다. 이 가치관이 바로 '성인의 가치관'이다.

　가치관이라고 하면 어렵게 들릴 수도 있다. 구체적으로 말하자면 성인이 갖춰야 할 예의를 이해하고 있다거나 세상을 이해하고 있다거나 친척에게 불행한 일이 있을 때에는 중요한 업무 약속을 취소해야 한다는 식의 다양한 판단 기준을 의미한다. 그것은 서로 인생을 원만하게 보내기 위한 공통 규칙이며 성인으로서의 예의이고 인간관계다.

　성인끼리 주고받는 이러한 암묵의 양해를 아이들은 이해할 수 없다. 이 공통의 해석을 획득하고 실천 방법을 갖추게 될 때 성인기에 도달하는 것이다.

성인의 마음도 발달할 수 있는가

성인이 된 이후의 '새로운 해석'에 관하여

다시 스트레스와 그 해석에 관해 생각해보자. '성인의 해석'을 토대로 삼아 살고 있는 성인들은 공통의 가치관을 가지고 있기 때문에 어떤 사건에 대해 전혀 다른 해석을 내놓는 경우가 매우 드물다. 대체로 서로 비슷한 해석을 내리고 만다.

스트레스를 해석할 때에도 마찬가지다. 예를 들어, 상사로부터 질책을 듣거나 부하 직원으로부터 비난을 받을 경우, 일반적으로는 자신의 존재를 부정 당하는 듯한 기분 나쁜 사건으로 해석한다. 그 결과 이런 질책이나 비난을 만인 공통의 스트레스라고 여기며, 이러한 공통성 때문에 우리는 질책이나 비난이라는 사건 자체를 스트레스로 착각하는 경우가 많다.

그러나 사건과 그것을 받아들이는 사람의 반응을 좀 더 세밀하게 관찰해보면 미묘한 차이가 있다. 똑같이 상사로부터 질책을 받더라도 그것을 엄청나게 큰 스트레스로 받아들이는 사람과 대부분 흘려들어 스트레스를 전혀 느끼지 않는 사람이 있다. 또는 똑같이 부하 직원으로부터 비난을 받더라도 그것을 마음에 담아 스트레스로 생각하는 사람과 별일 아니라고 웃어넘기는 사람이 있다.

우리는 성인으로서 세상에서 발생하는 사건에 대해 어느 정도 공통된 해석을 가지고 있기는 하지만 세밀한 부분에서는 사람마다 미묘하게 다른 해석을 한다. 이 미묘한 해석의 차이가 좀 더 커지면 그 결과 하나하나의 사건에 대해 보통 사람과는 전혀 다른 반응을 보이는 사람들이 나타난다. 그리고 각각의 사건에 대한 해석뿐 아니라 인생 전체에 대해 전혀 다른 해석을 가지고 살아가는 사람이 나타난다.

이것이 바로 내가 이 책에서 다루고 싶은 주제다.

'성인의 해석'에서 벗어나 좀 더 넓은 세상을 인식하고, 살아가는 데 보다 효과적인 해석을 가지고 있는 사람. 만약 이런 사람이 있다면 그는 성인이 된 이후에 자신을 크게 변화시킨 사람이다.

성인이 된 이후에도 사람은 바뀔 수 있는가

그렇다면 성인의 공통된 해석을 초월하는 해석이 존재할까? 기존의 발달심리학에 의하면 그 대답은 부정적이다. 인간의 발달은 서른 살 정도까지 거의 완성되고 이후에는 큰 발달을 보이지 않는다고 분석하고 있기 때문이다. 즉, 서른 살 정도의 나이에 세상과 자신에 대한 해석이 완성되며 그 이후에는 완성된 해석의 틀 안에서 경험이 풍부해질 뿐이다.

일반적으로 서른 살 이후에는 모든 사람에게 공통적으로 일어나는 정신적인 발달은 인정하지 않는다. 매슬로처럼 소수의 예외적인 연구자를 제외하면 이것이 지금까지 발달심리학에서 이끌어낸 대체적인 결론이다.

하지만 정말 그러할까? 우리는 때로 일반인과는 다른 태도를 갖추고 인생을 살아가는 사람을 만나는 경우가 있다. 그들은 대부분의 사람들이 스트레스라고 느끼는 것을 전혀 스트레스로 받아들이지 않는다. 심지어 그것을 즐거운 현상으로 바꾸는 능력을 가지고 있다. 인생에 대한 좁은 해석에 얽매이지 않고 훨씬 자유롭게 살아가는 사람인 것이다. 설사 소수라고 해도 그런 사람이 실제로 존재한다면 다 큰 어른인 내게도 나 자신을 바꾸고 나아가 정신적인 발달을 실현시킬 수 있는 가능성이 남아 있는 것이 아닐까?

서른 살 이후에도 사람은 정신적으로 발달할 수 있을까? 서른 살 이후 우리가 세상과 자신에 대한 해석을 크게 바꿀 수 있을까?

공자는 사람의 발달에 관하여 다음과 같이 말했다.

"십유오이지우학 삼십이립 사십이불혹 오십이지천명 육십이이순 칠십이종심소욕 불유구(十有五而志于學 三十而立 四十而不惑 五十而知天命 六十而耳順 七十而從心所欲 不踰矩)."

_공자, 《논어》

열다섯 살에 세상과 자신에 대한 해석을 배우기 시작하고 서른 살에 학문을 습득하고 성인으로서의 세상의 해석을 획득하며 자립해 세상에서 생활할 수 있는 성인이 된다는 뜻이다. 마흔 살까지는 경험을 쌓아 성인의 해석을 심화하는 시기다. 그 결과 인생의 모든 사건에 대해 충분한 해석을 할 수 있게 되어 '미혹(迷惑)'이 사라진다. 인간관계이든, 사회적 사건이든, 또는 자신의 심리적 사건이든 모두 그 해석의 틀 안에서 이해할 수 있기 때문이다. 그러나 인간의 발달은 거기에서 끝나지 않는다.

한편, 마흔 살 이후의 남은 인생은 죽음에 이르는 인생이기도 하다. 태어나서 마흔 살이 되기까지 사람은 세상과 자신을 이해하기 위해 마음의 발달을 이루어왔다. 그리고 자신의 마음의 움직임도, 세상의 사건도 충분히 해석할 수 있게 되었을 때 사람은 여기까지 무엇을 위해 노력하며 살아왔는지 인생을 돌아본다. 이때 마흔 살까지 연마해온 고루한 해석으로는 더 이상 이 의문에 대한 대답을 얻을 수 없다.

따라서 새로운 해석이 필요하고, 쉰 살에 이르면 천명을 이해하게 된다. 천지가 뒤집히는 것이다. 세상과 자신을 이해하

기 위해 살아왔다고 생각했지만 사실 하늘의 뜻에 따라 살아
왔다는 사실을 깨닫게 된다.

변화가 일어나기 시작할 때 그 사람의 눈은 빛이 나기 시작한다. 어떤 사람은 표정이 살아나고, 어떤 사람은 말이 많아지거나 어떤 사람은 달변이 된다. 그 신기한 현상은 변화가 일어나고 있을 때 당사자는 물론이고 그를 상대하는 사람들도 즐겁게 만드는 힘을 가지고 있다.

운명에서 벗어날 자유

정말 사람은 바뀌지 않을까

자신과 가족에 대한 고루한 해석을 바꾸는 방식을 통해 인생의 항로를 크게 변화시킨 여성이 있다. 그녀는 오랜 시간 동안 우울증 때문에 고통을 받고 있었다. 그러던 중 어떤 말로 인해 그때까지 가지고 있던 인생에 대한 고정관념을 무너뜨리고 스스로에 대해 새로운 해석을 하게 되었다. 그 결과 우울증이 치료되었을 뿐 아니라 생활의 모든 면에서 훨씬 자유롭게 살 수 있게 되었다. 이 여성은 햇병아리 정신과 의사였던 내게 사람이 완전히 바뀔 수도 있다는 가능성을 보여주었다.

정신과 진료를 하다 보면 가끔 신기한 현상을 만나는 경우가 있다. 즉, 사람이 과거의 자기 자신을 초월해 새로운 자신으로 바뀌는 현상이다. 일주일 전에 진료를 받으러 온 사람이 일주일 후 똑같은 진료실에서 이전과는 전혀 다른 이야기를 하기도 한다. 또한 일주일씩 거듭될 때마다 몸짓이나 복장을 비롯한 행동 전체가 변하면서 마지막에는 그 사람의 인생 전체가 바뀌어버리는 식의 신기한 현상이다.

변화가 일어나기 시작할 때 그 사람의 눈은 빛이 나기 시작한다. 어떤 사람은 표정이 살아나고, 어떤 사람은 말이 많아지거나 어떤 사람은 달변이 된다. 그 신기한 현상은 변화가 일어나고 있을 때 당사자는 물론이고 그를 상대하는 사람들도 즐겁게 만드는 힘을 가지고 있다.

그런 변화는 갑작스럽게 발생하며 대부분 몇 주일부터 몇 개월, 몇 년에 걸쳐 진행된다. 나중에 돌이켜보면 언제부터 변화가 시작되었는지를 분명하게 단정할 수 있는 경우가 많다. 그 사람은 몇 월 며칠쯤부터 변하기 시작했다고 말할 정도로 분명하게 알 수 있는 것이다.

일반적으로 사람의 성격이나 인생을 살아가는 방향은 평생 동안 크게 바뀌지 않는다. 설사 변화가 발생한다고 해도 최소한 몇 년이라는 시간이 필요하다.

나는 졸업한 지 20년 후에 열린 고등학교 동창회에서 이런 경험을 한 적이 있다. 20년 만에 만난 친구들은 서로 상대방의 머리에 백발이 얼마나 섞였는지 이야기하면서 세월의 흐름에 놀라기도 하고, 친구의 얼굴 형태가 변한 탓에 순간적으로 상대방의 이름을 기억해내지 못하는 경우도 있었다. 그러나 시간이 흐르면서 옛 친구들의 이야기를 듣거나 차례로 근황을 털어놓을 때의 몸짓을 보고 있으면 예전과 전혀 바뀌지 않은 모습에 어렴풋이 20년 전의 별명이 떠오르면서 마치 마술에 걸려버린 듯한 묘한 감각을 느꼈다.

그리고 모임의 분위기에 어느 정도 익숙해졌을 때 문득 주변을 둘러보면 삼삼오오 모인 작은 그룹들이 20년 전 점심시간에 교실에서 모이던 친구들의 무리와 비슷하다는 사실을 확인할 수 있었다. 고등학교 시절에 머뭇거리던 친구는 20년 후에도 역시 무슨 말을 할 때 머뭇거리면서 당시에 어울리던 친구하고만 그룹을 형성한다. 그곳에는 내가 고등학교 시절에 구축했던 인간관계가 그대로 살아 숨 쉬고 있었다.

지금 근무하고 있는 직장에서의 인간관계도 생각해보면 고등학교 시절의 인간관계와 그대로 겹쳐진다. 직장에서도 고등학교 시절과 마찬가지로 마음이 맞는 동료들과 그룹을 만든다. 자신이 구성한 사람과 사람을 연결하는 방식은 20년 동안 거의 변하지 않는다.

　　이처럼 사람은 바뀌지 않는다. 그 사람이 어떻게 인간관계를 구성하는지를 보면 알 수 있다. 그런데 만약 어떤 사람이 일주일 사이에 전혀 다른 사람의 말투와 행동을 취한다면 그것은 정말 놀라운 현상이다. 내가 운 좋게도 정신과 진료실에서 만나는 신기한 현상이란 바로 그런 변화다. 이때 나는 놀라움과 동시에 무엇인가 정체를 알 수 없는 정신의 가능성을 발견한다.

　　　인생을 바꾸는 특별한 말

전혀 바뀔 것 같지 않은 사람도 몇 마디 말로 인해 바뀐다. 긴 인생에서 보면 잠깐에 지나지 않는 짧은 시간에 그가 입에 담은 말로 인해 인품이 크게 바뀌고, 그 결과 자신의 행동이 바뀌고, 인생이 바뀐다. "어쩔 수 없어. 나는 포기했어."라는 말을 계기로 인생이 극적으로 바뀌기 시작한 여성의 이야기를 통해 말의 힘에 관해 살펴볼 수 있다.

마흔두 살의 가정주부인 A씨는 몇 가지의 말이 계기가 되어 인생을 크게 바꾼 사람들 중 내가 가장 먼저 만나본 여성이다. 그녀는 우울증을 치료하기 위해 우리 병원으로 통원하기 시작했다. 우울증 환자는 자신을 포함한 주변의 어려운 상황을 모두 자신의 책임으로 느끼는 경우가 많다. 하지만 다섯 번째 진찰을 했을 때 그녀는 나를 보자마자 이렇게 말했다.

"저, 가정이 엉망이 된 것은 모두 저의 책임이라고 생각했어요. … 저의 책임인지도 모르지만, 이제 됐어요. 어쩔 수 없는 일이잖아요. 이제 포기했어요."

이렇게 말하는 그녀의 표정은 예전과는 비교할 수 없을 정도로 밝았다.

무엇을 포기했다는 것일까? 거기에는 다양한 의미가 포함되어 있다. 작게 보자면 남편의 술버릇, 그보다 좀 더 크게 보자면 남편과의 인간관계이며 남편을 어떻게든 치료해보려고 했던 자신이다. 그뿐 아니다. 그녀는 더 큰 것도 포기했다. 바로 그때까지의 자신이다.

지방의 소도시에서 태어나 자란 A씨는 스물세 살에 결혼을 해서 남편과 함께 도쿄에 정착했다. 남편은 작은 기계 판매회사에서 영업을 담당했다. 도쿄 번화가에 위치한 집에서 A씨는 가정주부로서 1남 1녀를 양육했다. 그녀는 보건 간호사의 소개로 내가 일하고 있는 병원에 검진을 받으러 왔다. 언뜻 보아도 그녀는 우울증 환자였다. 체격은 작았고, 나이에 어울리지 않는 수수한 복장을 하고 있었다. 얌전하게 묶은 머리카락에는 윤기가 없었다.

가계를 유지하기 위해 슈퍼마켓에서 파트타임으로 일을 종종 했지만 만성적인 어깨 결림과 불면증 때문에 그 일도 오래 할 수는 없었다. 깊은 밤부터 새벽까지 두세 시간 정도 토막잠을 자는 것이 고작이었다. 기운이 없는 상태가 언제부터 시작되었는지 모른다. 5, 6년 전부터인지, 아니면 그전부터인지, 결혼해서부터 줄곧 이어져온 것인지, 그녀 자신도 분명하게 기억하지 못하는 듯했다. 게다가 지난 4, 5년은 갑자기 시력이 떨어져 언뜻 보아도 알 수 있을 정도로 두꺼운 렌즈의 안경을 걸치고 있었다.

그녀 자신은 깨닫지 못했지만 우울증의 원인은 남편과의 관계였다. 생각해보면 매우 흔하고 쉽게 볼 수 있는 부부 문제였다. 회사에서 모범적인 영업사원인 남편은 술을 마시지 않을 때에는 얌전한 사람이었다. 하지만 한번 술을 마시기 시작하면 아내와 고등학생이 된 딸을 상대로 폭언을 하거나 욕설을 내뱉었고, 술을 못 이겨 쓰러질 때까지 아내를 가만히 내버려두지 않았다. 일요일에도 거의 예외 없이 아침부터 술을 마셔댔다.

전에는 남편의 폭언에 맞서기도 했지만 그것이 그의 분노를 더욱 부추긴다는 사실을 안 이후부터는 그가 빨리 술에 취해 쓰러져 자기만을 기다리면서 참아냈다.

첫 번째 진찰에서 나는 그녀에게 우울증 진단을 내렸다.

"환자분은 꽤 심한 우울증입니다. 집중적으로 치료를 받아야 합니다."

그녀는 전혀 놀랍지 않다는 표정을 짓고 마치 예상하고 있었다는 듯 "그래요?" 하고 가볍게 대답했다. 그리고 미안한 표정으로 약은 먹고 싶지 않다고 덧붙였다. 나는 그 요구사항을 들어주었다.

두 번째 진찰할 때는 진찰실에 들어오자마자 그녀가 이렇게 말했다.

"어제는 한숨도 못 잤어요."

남편이 술에 잔뜩 취한 상태로 한밤중에 동료를 집으로 데려왔다고 한다. 그녀는 방 두 칸짜리 좁은 아파트에서 두 남자의 코 고는 소리와 술 냄새를 견디며 밤을 꼬박 새워야 했다. 그럴 때면 으레 남편은 직접 전화를 걸지 않고 술집에서 동료를 시켜 함께 간다는 뜻을 전했다. 그날 밤 그녀는 남편과 이혼할 생각을 하면서 밤을 새웠다.

그녀는 결혼 생활이 너무 힘들다고 호소했다. 그즈음 직장인이 된 딸은 취직과 동시에 독립을 해서 근처 아파트에 터를 잡고 생활하고 있었다.

"남편은 술만 마시지 않으면 얌전하고 정말 좋은 사람이에요. 술을 줄일 수 있는 방법이 없을까요?"

진찰을 하는 동안 그녀는 몇 번이나 같은 질문을 던졌다.

"별다른 방법은 없습니다. 저도 도와드릴 수 있는 게 없습니다. 아마 다른 누군가가 설득을 해도 소용이 없을 것입니다."

이것이 정신과 의사로서의 나의 대답이었다.

세 번째 진찰에서는 이혼 이야기를 꺼냈다. A씨는 남편이 음주운전을 하다가 사고를 냈다고 했다. 20만 엔이 넘는 수리비를 준비하라는 말을 듣고 "그런 돈은 없어요."라고 말하자 남편은 밤새도록 A씨에게 욕설을 퍼부었다.

"이런 남편과는 이혼하고 싶어요. 하지만 자식이 있기 때문에 그것도 쉽지 않고, 이런 생활을 평생 계속해야 한다고 생각하면 어떻게 해야 좋을지 모르겠어요."

"환자분이 줄곧 괴로운 생활을 해오셨다는 것은 잘 알고 있습니다. 하지만 유감스럽게도 같은 생활이 앞으로 계속 이어질지 모릅니다."

내 말에 그녀는 잠시 생각에 잠기는 듯했다. 긴 침묵이 이어졌다. 과거 20여 년 동안 겪어온 괴로운 나날을 생각하고 있던 것인지, 아니면 앞으로 계속 이어질지도 모르는 미래를 생각하고 있었던 것인지는 알 수 없다. 무릎 위에 가지런히 모은 두 손을 응시하는 그녀의 눈에는 아마 눈물이 가득 고여 있었을 것이다.

이윽고 거의 알아들을 수 없을 정도의 작은 목소리로 그녀가 말했다.

"확실히 무의미한 시간을 보냈어요. 바뀌지 않는 건 앞으로도 바뀌지 않겠지요."

그녀의 목소리는 가늘게 떨리고 있었다. 바뀌지 않는 것은 앞으로도 바뀌지 않는다는 말은 그녀가 마음속에서 간신히 쥐어짜낸 마지막 한마디였다.

그로부터 일주일 뒤에 가진 상담에서 그녀는 같은 말을 반복했다. 그러나 이번에는 눈물도 보이지 않았고 목소리도 꽤 또렷하고 분명했다. 나는 그녀의 말투에서 이전에는 느낄 수 없었던 활기 같은 것을 느꼈다.

"선생님, 바뀌지 않는 건 앞으로도 바뀌지 않지요? 어쩔 수 없는 것은 앞으로도 어쩔 수 없는 것이지요?"

그녀가 말하는 "어쩔 수 없다."는 말에는 묘한 강인함이 짙게 배어 있었다. 그러나 사람이 바뀌는 현상을 처음 접하기 시작하고 있던 당시의 나는 그 말의 무게를 측정하기 어려웠다.

지금 생각해보면 그 말에는 두 가지 의미가 중첩되어 있었다. 한편으로는 어두운 현실을 마주한 막막함을 표현하는 말이지만, 다른 한편으로는 그녀의 마음이 그 말에 이끌리기 시작했다는 것을 표현한 말이다. "어쩔 수 없다."는 당시 그녀의 마음을 그대로 표현한 말이었을 것이다.

제삼자의 눈으로 보면 그녀가 끌어안고 있는 현실에는 분명히 그녀 스스로의 능력으로는 감당할 수 없는 운명 같은 측면이 있었다. 반면, 제삼자의 눈으로 봤을 때 그녀는 그 운명으로부터 벗어날 수 있는 자유도 가지고 있었다. 그러나 그녀는 지금까지 그 자유가 존재한다는 사실조차 깨닫지 못했다. 어쩔 수 없는 현실에 완전히 젖어든 상태에서 그 현실을 개선할 수 없는 자신을 원망하며 20여 년의 세월을 보낸 것이다.

설령 "어쩔 수 없다."는 말이 고통스러운 현실을 표현하는 말이라고 해도 그 고통스러운 현실을 말로 표현하게 되었을 때 진정한 기쁨을 맛볼 수도 있다. 사람은 언어를 구사해 자신의 마음을 표현하는 과정을 통해 비록 일시적이기는 해도 자신의 모든 것을 구속하고 있던 현실이라는 무게로부터 해방될 수 있기 때문이다.

예를 들어, 남편이 술을 마시고 난폭해지는 문제는 남편 자신이 해결하지 않는 한 그녀가 아무리 신경을 쓰고 고통스러

위해도 바뀌지 않는 현실이다. 그녀의 내부에서 이 현실이 '어떻게든 바꾸지 않으면 안 되는 현실'에서 '어쩔 수 없는 현실'로 바뀔 때, 현실의 무게로부터 자신을 해방시킬 수 있는 가능성은 열리기 시작한다.

사람은 '어떻게든 바꾸지 않으면 안 되는 현실' 앞에서 그 현실을 이기지 못해 구속되어 버리는 경우가 많다. 어떻게든 현실을 바꾸려면 그 현실에 가까이 다가가 끊임없이 현실을 확인하고 인정하면서 접촉해야 한다. 그 현실은 어둡고 무겁다. 어둡고 무거운 현실 앞에서는 마음도 어두워지고 무거워진다.

그러나 그것이 '어쩔 수 없는 현실'로 바뀌었을 때, 사람은 그 현실로부터 벗어날 수 있다. 벗어나기 시작하면 마음이 가벼워지면서 어두운 현실 따위는 아무래도 상관없다고 생각하기 시작한다.

당시 A씨는 스스로 선택할 수 있는 마음의 자유와 그 존재를 깨달을 수 있는 문턱에 도달해 있었다.

정말 포기하면 모든 것이 편해질까

새로운 생활을 위한 두 가지 규칙

일주일 뒤 그녀는 오래전에 잊고 있었던 상쾌한 아침을 맛보았다. 숙면을 취한 덕분이다. 그날따라 참을 수 없이 달콤한 음식을 먹고 싶어서 혼자 거리를 돌아다녔다. 20년 가까이 살고 있던 도쿄의 번화가에서 제과점을 새롭게 발견했고 늘 다니던 슈퍼마켓까지 더 빨리 갈 수 있는 지름길도 찾았다. 매일 보던 경치에서 미처 보지 못했던 새로운 것들이 눈에 들어왔다.

"선생님, 태어나서 처음으로 도시의 풀과 나무가 정말 아름답다는 생각을 하게 됐어요."

초여름의 강한 햇살을 받은 가로수의 짙은 녹색 잎들이 마치 살아 있는 듯 생생하게 그녀의 눈으로 들어왔다.

다섯 번째로 진찰실을 방문했을 때 그녀는 지금까지 볼 수 없었던 밝은 목소리로 자신의 경험을 들려주면서 이런저런 이야기들을 덧붙였다. 그리고 지난 상담에서 그녀 자신을 바꾸었던 말을 꺼냈다.

"지금까지 가정이 엉망이 된 것은 모두 저의 책임이라고 생각했어요. … 물론 저의 책임인지도 모르지만, 어쨌든 이제 됐어요. 어쩔 수 없는 일이잖아요. 이제 포기했어요."

그녀는 포기했다는 말을 전혀 망설이지 않고 밝은 표정으로 힘주어 말했다.

"어쩔 수 없다."에서 "포기했다."까지의 일주일, 그녀는 눈에 띄게 달라졌다. 포기했다는 말 속에서 그녀의 강렬한 자신감을 느낄 수 있어 기분이 좋았지만 당시에는 이 두 가지 말 사이에 존재하는 깊은 의미를 전혀 깨닫지 못했다.

나중에 돌이켜보니 정신과 의사로서의 내가 조금이라도 도움이 되었던 것은 그때까지였다는 생각이 들었다. 그녀는 그 후 마치 그것이 자연스러운 흐름인 것처럼 눈에 띄게 변해갔다. 성격은 물론이고, 자신을 둘러싸고 있는 가정이나 직장과의 관계도 크게 바뀌었다. 진찰실에서 그녀의 경과 보고를 듣는 것이 내게는 신선한 즐거움이었다.

사람은 이렇게 놀랍게 변할 수 있다. 그야말로 인격의 발달이라고 표현해도 될 만하다. 나와 그녀는 남편과의 관계를 다시 개선해보기로 하고, 앞으로 남편을 상대할 때의 규칙을 정하기로 했다. 첫 번째 규칙은 남편이 술을 마시면 상대하지 않는다는 것이었다. 즉, 더 이상 술을 마시지 말라는 말도 하지 않고 반대로 남편을 위해 술을 준비하지도 않는다. 설사 남편이 과음 때문에 목숨을 잃는다고 해도 어쩔 수 없다고 우리는 의견을 통일했다. 그것은 남편의 인생이지 그녀의 인생이 아니기 때문이다.

두 번째 규칙은 남편이 술을 마시지 않을 때에는 자신의 감정을 솔직하게 표현한다는 것이었다. 그녀는 남편을 비난하기도 하고 불만을 터뜨리기도 했지만 자신의 감정을 정확하고 솔직하게 표현한 적이 전혀 없었다.

예를 들어, 술을 마시고 있는 남편을 향해 "그렇게 술만 마시다가 회사에도 갈 수 없게 되면 어떻게 할 거예요?"라고 비난하는 일은 있어도 "당신이 술을 마시고 있으면 내 기분은 정말 우울해져요."라는 식으로는 말한 적이 없었다. 비난은 남편의 분노를 유도할 뿐이었다. 그러나 그녀는 자신의 솔직한 감정 표현은 남편의 분노를 유발하지 않을 뿐 아니라 자기 자신을 편하게 만들어준다는 사실을 깨달았다.

마음을 바꾸면 관계도 바뀐다

남편과의 관계를 바꾼 것은 몇 년 후 남편의 행동 자체를 바꾸는 결과를 만들어냈다. A씨의 변화는 그보다 훨씬 더 빨리 나타났다.

그 변화는 지극히 자연스럽게 진행되었다. 우선 컨디션이 좋아졌다. 불면증이 사라지고 상쾌한 기분으로 아침을 맞이하게 되었다. 10년 가까이 숙면을 하지 못했던 그녀에게는 기적이라고 부를 만한 변화였다. 어깨 결림도 말끔하게 사라졌다.

"제 몸이 이렇게 가벼운 줄 몰랐어요. 제 발로 걷는 것이 이렇게 즐거운 일이라는 사실도 몰랐어요."

그녀는 즐거운 마음으로 하루하루를 보낼 수 있게 되었다. 그때까지는 고통 때문에 일이 힘들게 느껴졌지만 이제는 즐거운 마음으로 일을 할 수 있게 되었다. 그뿐 아니라 사람을 보는 눈이 바뀌면서 그녀를 둘러싸고 있는 인간관계까지도 변화하기 시작했다.

그녀는 슈퍼마켓 청과물 코너에서 파트타임으로 근무하고 있었다. 이전과 마찬가지로 채소를 팩에 포장하는 일이었다. 그곳에는 파트타임으로 일하는 동료들이 모두 싫어하는 조리장이 있었다. 그는 자신이 정사원이라는 점을 내세워 파트타임으로 일하는 사람들을 무시했다. A씨도 일을 처음 하게 되었을 때 "손이 왜 이렇게 느려요? 시간만 때우려는 거 아니에요?"라고 빈정대는 말을 들은 적이 있다.

당시 A씨는 자신의 손이 느리다는 사실을 깨닫고 있었기 때문에 한 마디도 반박하지 못하고 고개만 숙이고 있었다. 그 말은 가슴에 깊이 박혀 상처로 남았다. 그럼에도 그녀는 긴장과 후회, 아무 말도 할 수 없었던 자신에 대한 분노 때문에 무거운 마음을 끌어안고 직장에 다닐 수밖에 없었다. 그런데 이제는 그 조리장을 다른 관점으로 관찰하게 되었다.

"저 사람은 다른 사람 위에 설 수 있는 그릇이 아닌데 네댓 명의 아주머니들을 관리하려니 자신이 없는 거야."

A씨는 조리장의 오만한 태도 뒤에 숨겨져 있는 나약함을 본 것이다.

어느 날 조리사 한 명이 갑자기 쉬게 되어 그녀를 비롯해서 파트타임으로 일하는 사람들이 칼을 잡고 조리장으로부터 조리 방법을 배우게 되었다. A씨는 조리장에 대해 성격은 나쁘지만 요리 솜씨도 좋고 잘 가르치는 사람이라고 내게 설명했다. 그리고 호박을 네 조각으로 자르는 데에도 전문가의 방식이 있다는 사실을 배웠다면서 내게 그 비결을 상세하게 가르쳐주기도 했다.

"그걸 보고 약간 과장스럽게 감탄을 했더니 조리장이 정말 좋아하더라고요."

그 결과 그녀는 조리장과 대등한 관계를 유지할 수 있게 되었을 뿐 아니라 조리장을 이해하고 감싸주는 여유까지 갖추게 되었다.

그 이후에도 파트타임 직원들끼리 반목이나 감정싸움을 일으키면 내게 보고해주었다. 나는 그녀의 이야기들을 들으면서 어떤 환경이나 상황이 설사 아무리 불행하고 불편하다고 해도 그것을 관찰하는 사람의 눈에 여유가 있으면 듣는 사람은 안심하고 이야기에 귀를 기울일 수 있고 즐거움까지 느낄 수 있다는 사실을 배웠다.

행동을 바꾸는 말

사람이 바뀌는 현상은 대체로 말의 변화에서 시작된다. 일주일 사이에 이전과는 전혀 다른 말을 사용하기 시작하는 경우도 많다. 그 사람의 인생에서 결코 표현한 적이 없었던 말들을 거침없이 내뱉기도 한다. 물론 말의 내용이나 그런 변화의 계기가 된 말은 사람에 따라 다르다.

"너무 열심히 노력만 했어요. 이런저런 생각을 하다 보니까 이제는 지쳐버렸어요."

"제가 어떤 사람인지 알 수가 없어요."

"더 이상 참지 않기로 했어요."

"저 자신을 포기하기로 했어요."

그들의 말에서 찾을 수 있는 공통점이라면 고루한 해석에 대한 결별 선언이라는 점이다. 여기에서의 해석은 자신과 자신을 둘러싸고 있는 세상에 대한 해석이다.

"너무 열심히 노력만 했어요. 이런저런 생각을 하다 보니까 이제는 지쳐버렸어요."라고 말할 때 '노력만 했던 것'은 고루한 해석을 바탕으로 어떻게든 현실을 바꾸려 했던 자신이며 '이런저런 생각을 하다가 지쳐버린 것'은 자신의 현실을 이해할 수 있는 효력을 잃어버린 고루한 해석에만 매달리고 있던 자신이다.

"제가 어떤 사람인지 알 수가 없어요."라는 말도 사람이 바뀔 때의 특징적인 말이다. 이것은 방향 감각을 상실했다는 사실을 호소하는 말이다. 왜 자신을 알 수 없을까? 새로운 자신은 고루한 해석의 틀을 초월해 행동하고 있는데, 그 행동을 예전 그대로의 해석으로 이해하려 하기 때문이다.

고루한 해석은 도움이 되지 않는다. 그러나 새로운 해석을 아직 자각하지 못하고 있을 때 사람은 말로는 표현할 수 없는 새로운 움직임에 몸을 맡기고 자신을 '포기'하게 된다. 자신의 낡은 틀 안에 머물면서 '더 이상 참을' 필요는 없는 것이다.

사용하는 말이 바뀌면 그와 동시에 그 사람의 말투와 표정도 바뀐다. 생각해보면 당연한 현상일지도 모르지만 그때의 말투와 표정은 그 사람의 인생에서 처음 보는 것들이다.

그러나 대부분의 경우 그때까지 전혀 의미를 몰랐던 말은 아니고 단순히 사용하지 않았던 말일 뿐이다. 그러나 그런 말을 하는 사람의 입장에서 보면 완전히 새로운 말이다.

말로 무엇인가 표현할 수 있게 되면 마음이 상쾌해진다. 마음이 편해진다. 무거운 것이 시원하게 사라져간다. 몸이 가벼워진다. 그때 가슴 근처에 따뜻한 온기가 발생한다. 가볍고 따뜻해진 몸은 자연스럽게 움직이기 시작한다. 어느 틈에 말은 마음에서 몸으로 퍼져나간다. 그렇게 말은 그 사람의 행동을 바꾸어간다.

고루한 해석으로부터의 독립 선언

A씨가 "어쩔 수 없다."는 말을 하기까지 그녀의 머릿속에는 대체 어떤 일이 발생한 것일까? 병원에 다니기 시작한 이후에도

그녀를 둘러싸고 있는 상황이나 일상생활은 예전과 바뀐 것 없이 여전히 이어지고 있었다. 남편의 성격이나 행동도 마찬가지였다. 그녀 자신의 머릿속에 존재하는 기억이나 축적된 경험이 특별히 바뀐 것도 아니다.

유일하게 바뀐 것이 있다면 그녀가 자신을 새롭게 생각하기 시작했다는 것이다. 오랫동안 "어떻게든 해봐야 돼."라고 생각해왔던 그녀는 상담 치료를 받으면서 자연스럽게 자신이 지금 '무엇을 할 수 있는지'를 생각하게 되었다. 그 결과 '아무것도 할 수 없다'는 장벽에 부딪혔다. 현실 세계의 두터운 장벽에 부딪히면서 그녀가 마주한 것은 곤란한 상황이나 운이 없는 자신의 인생이 아니었다. 아무것도 할 수 없는 자신을 깨달은 것이다.

지금까지 몇 년 동안이나 시간을 소비하면서 고민하고 괴로워했던 문제에 대해 자신은 아무것도 할 수 없다는 결론을 내리게 되었을 때 그녀의 마음에는 한 점의 망설임도 없었다. 모든 방법을 시도한 끝에 얻은 결론이었기 때문이다.

그 결론은 "어쩔 수 없다."는 말로 표현되었다. 그리고 "포기했다."는 말로 이어졌다. 그 두 가지 말 사이에는 그녀의 성장과 도약이 존재한다. 이것은 많은 사람들에게서 발생할 수 있는 인격 성장의 한 모습이며, 거대한 변화를 이루기 위한 한 걸음이다.

"어쩔 수 없다."는 것은 그녀가 가지고 있던 고루한 해석의 패배 선언이다. 자기만 노력하면 어떻게든 바꿀 수 있다고 믿었던 세상, 자신이 책임을 져야 한다고 믿었던 세상, 또는 자신의 손발처럼 원하는 대로 움직일 수 있다고 믿었던 세상이 사실은 자신의 능력이 미칠 수 없는 '객관적인' 세상이라는 사실을 깨달은 것이다.

"어쩔 수 없다."는 말에 이은 두 번째 말 "포기했다."는 그 고통스러운 현실적 상황과 고루한 해석으로부터 벗어나기 위한 그녀의 '독립 선언'이었다. 이 말로 그녀는 일시적이기는 하지만 고통스러운 현실적 상황으로부터 자신을 분리시키는 데 성공했다. 새로운 해석이 현실을 재구성하기 시작한 것이다.

그녀는 자신이 고통스러운 현실적 상황 속에 매몰되어 있을 필요는 없다고 생각했다. 자신이 바꿀 수 없는 '객관적인' 세상이라는 사실을 알게 되었기 때문이다.

자신에 대한 새로운 해석

"포기했다."는 말로 인해 A씨를 둘러싸고 있던 세상의 의미가 바뀌었다. 그때까지의 세상은 그녀에게 있어서 모든 책임을 져야 하는 최우선 과제였지만 이제부터의 세상은 그녀의 책임이 미치지 않는 대상으로 바뀐 것이다.

한편, 그녀 자신은 세상의 우선순위가 바뀌면서 보다 깊은 자기 자신에게 다가갈 수 있었다. 보다 깊은 자기 자신은 세상의 변화를 알면서도 거기에 휩쓸리지 않는, 보다 확고한 자신이다. 그 순간 그녀는 본래의 자신을 되찾고 자유롭게 행동할 수 있는 방법을 획득할 수 있었다.

세상으로부터 분리되어 세상을 객관적으로 바라보면 세상으로부터 독립하게 된다. 세상의 변동에 휩쓸리지 않고 늘 자유롭게 행동할 수 있게 된다. 세상으로부터 분리되어 '나'라는 존재가 보다 확실하게 확립되어가는 이 구조는 인격이 성장할 때에 공통적으로 나타나는데, 정신적 발달을 이끌어내는 '원동력(dynamism)'이라 할 수 있다.

망설임이 제거되고 완전한 혼자가 되었을 때, 그녀의 머릿속에는 불가사의한 일이 일어난다. 그것은 배치의 전환이라고도 말할 수 있는, 자기 자신에 대한 새로운 해석이다.

그녀는 그때까지 다른 무엇인가, 또는 다른 누군가를 위해 살아야 한다고 생각해왔다. 그래서 늘 남편을, 가정을, 세상을 배려하면서 살아왔다. 그녀가 그렇게 살아오면서 주변 상황을 바꾸기 위해 끊임없이 노력했지만 도저히 바꿀 수 없다는 사실을 알았을 때, 마지막으로 그녀에게 남겨진 것은 자기 자신뿐이었다. 그리고 깊은 절망 속에서 '나는 나'라고 중얼거렸을 때, 자신과 주변 상황의 위치 관계가 역전되었다. 자신의 중심부를 점령하고 있던 남편, 가정, 세상은 먼 주변부로 밀려나고 그 대신 가장자리에 존재했던 자신이 자아의 중심으로 돌아온 것이다.

그녀의 머릿속에서 발생한 배치의 전환을 표현한 말이 "어쩔 수 없다."와 "포기했다."였다. 현실을 포기하는 대신 그녀가 얻은 것은 스스로에 대한 자신감이다. 어떤 세상이 눈앞에 펼쳐지건 '나는 항상 나'라는 자신감이다. 이 자신감을 되찾았을 때 그녀는 새로운 행동을 취하기 시작했다.

말은 단순히 물리적인 소리의 연속, 또는 공기의 진동에 지나지 않는다. 하지만 말은 머릿속의 어떤 생각이 구체적인 형태로 표현된 것이다. 밝은 표정으로 표현한 그녀의 말, "포기했다."에는 자신감이 짙게 배어 있었다. 그것은 자신을 자신의 중심으로 되돌려놓은 자신감이다.

생각은 어떻게 몸을 지배하는가

물질을 바꾸는 정신의 힘

A씨의 머릿속에 자리 잡은 새로운 해석은 행동을 순식간에 바꾸어갔다. 머릿속에서 발생한 작은 현상이 사람의 행동이나 생활을 바꾼다는 것은 신기한 일이다. 정말 머릿속에서 발생한 변화가 사람의 행동을 바꿀 수 있을까?

예를 들어 생각해보자. 어느 토요일 오후, 당신은 모처럼 집에서 여가를 즐기며 거실에 누워 만화를 보고 있다. 그러다 문득 '오랜만에 친구들을 만나 맛있는 음식이라도 먹으러 갈까?' 하고 생각한다.

이것은 당신의 뇌 속에서 발생한 일시적인 정신 활동이다. 특별한 이유는 없다. 만화에서 눈을 뗀 순간 우연히 떠오른 생각일 뿐이다. 그러나 그 생각이 꽤 매력적이어서 당신의 마음을 이끌어 뇌 속에서 확대되고 구체화되어 간다. 이러한 과정은 모두 순간적으로 일어나는 정신적 활동이다. 그리고 그 생각이 당신의 마음속 장벽을 초월했을 때, 생각은 당신의 손과 발을 움직이기 시작한다.

당신은 자리에서 일어나 전화를 들고 번호를 눌러 친구에게 식사를 하자고 제안한다. 전화를 통해 전달되는 것은 한 가지 정보, 즉 당신의 생각뿐이다. 식사를 하자는 간단한 통화로 친구가 당신의 제안에 동의할지, 또는 프랑스 요리의 이름을 몇 가지 늘어놓을 필요가 있을지는 모르지만 전화를 타고 전달된 것 자체는 전기 신호로 바뀐 당신의 일시적인 정신의 산물이다.

그러나 그렇게 전달된 말은 토요일 오후 할 일 없이 뒹굴며 텔레비전이나 시청하려고 생각했던 친구의 행동을 바꾸어버린다. 행동만 바꾸는 것이 아니라 인생의 한 장면을 새롭게 만든다. 심지어 얼마간의 시간과 약간의 돈까지 소비하게 만든다. 한 사람의 인간이 수십 킬로그램에 달하는 육체를 움직여 그 육체를 이용해서 번 돈을 사용하게 하고 소중한 시간을 소비하게 만드는 것이다.

정말 신기한 일이다. 지금 설명한 물질의 일련의 움직임들, 즉 당신의 육체, 전화 회선의 전기 신호, 친구의 육체, 돈을 기동시키는 것은 당신의 뇌 속에서 발생한 작은 생각, 매우 미세한 정신 활동이다. 작은 생각이 언어로 표현되면서 당신과 당신 친구를 움직인 것이다.

A씨의 머릿속에서 발생한 배치의 전환이라고 말할 수 있을 정도로 거대한 사건은 아닐지 몰라도 사람과 물질과 돈을 움직였다는 점에서는 분명한 전환이다.

이것이 바로 '정신의 물질화'다.

뇌에 발생하는 변화

나는 정신과 의사로 일하면서 정신의 물질화를 몇 차례 목격할 기회가 있었다. 아니, 그보다 내가 상담 치료를 통해 환자와 함께 실행하는 작업 자체가 정신의 물질화를 준비하는 작업이라고 말할 수 있다.

우울증 때문에 일을 할 수 없었던 A씨가 매일 즐거운 마음으로 출근할 수 있게 된 것은 생활의 커다란 변화였다. 그녀는 육체적 고통 때문에 슈퍼마켓에서 파트타임으로 일할 수 없게 된 것이 아니다. 나가지 않으면 안 된다고 생각하면서도 나가고 싶은 마음이 들지 않았기 때문이다. 즉, 정신이 원인으로 작용해 일터에 나갈 수 없었던 것이다.

몇 주일 동안의 통원 치료 이후에 그녀는 변했다. 어느 날부터 갑자기 복장이 밝아졌고 헤어스타일과 화장이 변했고 행동 범위가 바뀌었다. 그리고 얼마 후, 일상생활과 인간관계가 바뀌었다. 아마 그녀를 중심으로 돌아가는 돈의 흐름도 바뀌었을 것이다.

그녀가 병원을 다니기 시작하면서부터 일상생활이 바뀔 때까지 발생한 일은 나와 주고받은 몇 마디 말과 그녀 자신의 마음속에서 되풀이된 자문자답뿐이다. 약은 그녀가 원치 않았기 때문에 처방하지 않았다. 그저 의사와 환자의 정신 사이에 일어난 몇 가지 교류가 있었을 뿐이다. 그 결과 그녀의 정신에 변화가 발생했고 행동이 바뀌었다.

그녀의 내부에서 탄생한 새로운 정신은 새로운 물질의 흐름을 만들어냈다. 새로운 정신이란 자신과 자신을 둘러싸고 있는 상황에 대해 지금까지와는 다른 해석을 내리게 되었다는 것이다.

머릿속에서 일어난 배치의 전환이 어떤 식으로 일어난 것인지 정확하게 알 수는 없다. 그러나 그녀의 정신에서 발생한 변화는 뇌를 경유해 행동과 생활을 바꾸어갔다.

불면증이 치유되거나 어깨 결림이 사라진 것은 배치전환이라는 정신의 변화가 뇌에 직접적이고 커다란 영향을 끼친다는 사실을 시사한다. 불면증 치유는 뇌 기능의 개선을 의미하기 때문이다.

사람의 뇌가 신경세포라는 하드웨어(기계)와 그곳을 오가는 소프트웨어(프로그램)로 성립되어 있다고 한다면 소프트웨어가 재구성되는 과정을 통해 짧은 기간에 뇌 기능을 크게 향상시킬 수 있을 것이다. 소프트웨어의 구조 전환, 이것이 내가 '배치전환'이라고 표현하는 현상이 뇌에 발생해 이뤄지는 변화다.

뇌의 네트워크와 일상의 변화

뇌의 신경세포 기능과 마음에는 커다란 차이가 있다. 마음의 작용을 뇌의 신경세포 기능으로 설명할 수는 없다. 아마 마음은 뇌 안에만 존재하는 것은 아닐 것이다. 그러나 마음의 작용이 뇌의 신경세포에 매우 큰 영향을 끼친다는 것은 확실하다.

A씨의 뇌 안에 배치전환이 발생했을 때, 그것은 뇌에 결정적인 영향을 끼쳤을 것이다. 그 결과 그녀는 불면증이 치유되고 어깨 결림이 사라지고 식욕이 증가하고 인간관계가 좋아지고 몸이 가벼워졌다.

사람이 바뀔 때, 그 사람의 뇌가 어떻게 기능을 바꾸는지에 관한 연구는 거의 이루어지지 않았다. 뇌의 구조와 기능이 너무 복잡해서 연구를 할 방법이 없기 때문이다. 그러나 그 복잡한 뇌를 사용하는 주체가 우리 자신이라는 점은 분명한 사실이다. 따라서 우리 자신이 바뀌면 뇌의 활용 방법도 바뀔 것이다.

현대 과학이 뇌의 구조와 기능을 해명할수록 뇌 안에서는 엄청나게 복잡한 기능이 이루어지고 있다는 사실을 알게 되었다. 사람의 정신 활동은 150억 개에 이르는 뇌의 신경세포와 그 안에서 종횡으로 달리는 네트워크를 기초로 삼아 운영된다. 신경세포와 네트워크의 거대한 집합체인 뇌는 크게 몇 가지 부분으로 나뉘어 기능을 분담한다. 잘 알려져 있는 것처럼 좌우 두 개로 나뉜 뇌는 우뇌와 좌뇌라고 불린다. 그리고 뇌는 앞에서 뒤쪽을 향해 전두엽, 측두엽, 두정엽, 후두엽이라고 불리는 부분으로 나뉘어 각각 기능을 분담하고 있다.

이런 뇌의 분화가 어떻게 발생한 것인지는 알 수 없다. 나는 우리 스스로 뇌를 사용하기 위해 복잡한 기능으로 분화시킨 것이라고 생각한다. 뇌는 내가 그것을 어떻게 사용하는가에 따라서 기능이 바뀔 수 있기 때문이다.

뇌 활동의 기본 단위를 이루고 있는 것은 신경세포다. 신경세포는 사방팔방으로 팔을 뻗어 이웃 세포와 정보를 주고받는다. 하나의 신경세포에서 뻗어나온 팔의 수는 몇 개에서 몇 천 개까지 세포에 따라 각양각색이지만 필요한 경우에는 더 많은 팔을 뻗어 세포 사이에 새로운 통신 채널을 만들어낼 수 있다. 이렇게 수많은 세포들이 수많은 채널을 서로 접속시켜 정보 교환을 하고 있는 것이 뇌의 네트워크다. 즉, 세포끼리의 통신이 뇌의 이곳저곳에서 동시에 진행되는 것이다. 이것은 신경세포가 서로 이웃한 세포와 대화를 나누면서 뇌 전체의 기능을 만들어나가는 현상이라고 말할 수 있다.

예를 들어, 우리가 소파 구석에서 몸을 둥글게 말고 잠들어 있는 고양이를 보았다고 하자. 눈에 들어온 고양이의 상은 우선 안구 속의 망막 위에 비쳐지고 시세포(視細胞)라고 불리는 특수한 신경세포는 그것을 전기 신호로 변환한 뒤, 그것을 대뇌의 후두엽으로 보낸다. 눈에 들어온 복잡한 도형을 분석해 그것이 '잠들어 있는 고양이'라고 인지하는 시각, 즉 화상 해석에 관계하는 세포들은 대뇌의 뒷부분인 후두엽과 두정엽이라고 불리는 부분에 존재한다. 후두엽으로 보내진 신호는 그곳에 있는 신경세포들에 의해 세밀하게 해석된다. 어떤 세포 그룹은 망막에 비친 복잡한 상 중에서 수직선만을 전문으로 분석한다. 또 다른 그룹은 비스듬한 선에만 흥미를 가지고 그것을 체크한다. 또는 시야에 들어온 선의 움직임만을 감지하는 신경세포들도 있다.

세밀하게 기능이 분화된 신경세포 그룹은 서로 보다 일을 잘할 수 있도록 질서정연한 배열과 구조를 만들어낸다. 그들은 망막에 비친 고양이의 복잡한 상을 단번에 점, 선, 면의 요소로 분해해버린다.

이어서 다음 단계를 이어받은 세포 그룹이 그 분해된 요소들 중에서 형태를 인식하기 위해 특히 중요한 점, 선, 면만을 골라낸다. 그리고 그다음 세포 그룹은 선택된 요소를 재통합해 몇 가지 단계를 거치면서 고양이를 고양이로 인지한다. 이상 설명한 내용은 화상 해석이라는 뇌 기능 중에서 극히 일부에 해당하는 기능이다.

그렇다면 우리가 어느 순간 '귤을 먹고 싶다'라고 생각해 눈앞에 있는 귤을 잡으려고 행동했을 때 뇌 안에서는 어떤 활동이 일어날까?

자신의 손가락과 귤 사이의 거리를 측정하면서 손을 귤에 정확하게 가져갔을 때 그곳에서 이루어지고 있는 정보의 해석과 제어는 위에서 설명한 화상 해석보다 수십 배, 수백 배나 복잡하다. 우선 손과 귤의 화상을 해석해 손과 귤을 인지해야 한다. 그리고 자신의 손가락이 공간의 어느 위치까지 도달할지를 계산하고 예측해 그 결과에 따라 손을 움직이고 귤 바로 앞에서 손가락을 펴서 집는다. 이런 식으로 매우 간단한 우리의 행동을 실현하는 것만으로도 헤아릴 수 없을 정도로 다양한 세포들과 전체를 통합하는 네트워크가 작용한다. 사실상 이 모든 것들을 이해한다는 것은 불가능에 가깝다.

그러나 이런 복잡한 움직임을 일어나게 하는 것은 우리의 의식 안에서 탄생한 '귤을 먹고 싶다'라는 단순한 생각이다. 그 생각이 헤아릴 수 없을 정도로 복잡한 신경세포와 네트워크를 작동시키는 것이다.

이처럼 우리는 일상생활에서 자기도 모르는 사이에 엄청난 뇌 기능을 사용하고 있다.

뇌의 네트워크를 재구성하는 상념

'귤을 먹고 싶다'라는 상념(想念)이 어디에서 탄생하는 것인지는 현대 과학의 예지(叡智)로도 해명할 수 없다. 그러나 그것이 나 자신의 내부에서 발생했다는 것은 분명한 사실이다. 그리고 나 자신은 상념을 실현하기 위해 복잡한 뇌 기능을 너무나 간단히 활용한다.

매일, 매시간, 우리는 복잡한 뇌의 네트워크를 아무런 힘도

들이지 않고 사용하면서 생활하고 있다. 그러나 우리가 새로운 것을 배울 때에는 기존의 네트워크를 사용할 뿐 아니라 그 네트워크를 새롭게 재훈련시켜야 할 필요가 있다.

내가 들판을 가로질러 흐르는 강에서 카누 타는 연습을 시작했다고 하자. 내게 있어서 그것은 생애 첫 경험이다. 카누를 자유롭게 조종해 강물을 따라 내려간다는, 나의 뜻을 실현시키기 위해 뇌는 훈련을 받고 거기에 대응한다. 뇌는 카누와 나의 중심 이동, 패들(paddle)의 작용과 수면의 반작용, 나의 체중, 강물의 흐름, 물의 점성 등의 모든 물리량을 계산하고 통합해 최종적인 결론을 신체에 전달한다.

처음에는 마음대로 조종할 수 없다. 하지만 몇 번의 연습을 거치면 조금씩 조종할 수 있게 된다. 처음에 제대로 조종할 수 없었던 이유는 카누를 조종하기 위한 신경세포의 네트워크가 충분히 갖추어져 있지 않았기 때문이다. 하지만 연습을 거듭하면서 뇌의 네트워크가 재조합되고 새로운 통신망이 갖추어진다. 물리량의 계산은 훨씬 효율적으로 이루어지고 제어를 위한 전문 네트워크도 완성된다. 한번 완성된 네트워크는 다음부터는 아무런 노력을 기울이지 않아도 거의 자동으로 작동해 카누를 조종할 수 있게 만든다.

'카누를 타고 강을 내려가고 싶다'는 나의 생각이 새로운 신경세포 네트워크를 만들어냈다. 나의 생각이 뇌 신경세포들의 연결 방식을 바꾼 것이다. 그 결과 나는 새로운 도전을 할 수 있게 되었다. 생각이 뇌를 바꾼다. 생각해보면 정말 신기한 현상이다.

A씨는 마음속의 어떤 작은 사건을 계기로 몇 주일, 몇 개월에 걸쳐 인품을 완전히 바꾸었다. 인품이란 뇌 안에서 이루어지는 수많은 정신 활동의 집합 중 그 사람만이 갖추고 있는 특징적인 언어와 행동 패턴으로 부각되는 것이다.

그 사람의 정신 활동이 사소한 몇 개의 언어에 의해 그 움직임을 완전히 변화시키고 결과적으로 그 사람의 인생을 바꾸어 버린다면 그때 뇌에는 어떤 현상이 발생하는 것일까?

A씨의 불면증은 일주일이라는 짧은 시간에 완치되었다. 이런 짧은 시간 안에 정신 활동의 기반을 이루고 있는 뇌의 신경세포나 세포끼리의 통신을 이루는 신경섬유 자체를 재조합하는 것은 불가능하다. 즉, 하드웨어를 바꿀 시간은 없다. 따라서 그때 발생하는 현상은 신경세포 네트워크의 소프트웨어적인

변환, 그것도 꽤 극적인 변환일 것이다.

우리는 아직 그 변환을 객관적으로 측정할 수 있는 기술을 가지고 있지 않지만 그 결과는 알 수 있다. 즉, 네트워크의 변환을 이룬 사람은 불면증이 치유되고 어깨 결림이 사라지며 몇 주일 만에 자신의 인생을 완전히 새로운 관점으로 바라보게 된다. 결과적으로 과거에는 볼 수 없었던 새로운 행동을 보이기 시작한다는 것이다.

'귤을 먹고 싶다'는 생각은 뇌 속의 복잡한 신경계를 움직이게 만든다. 그러나 그 생각은 늘 사용하는 익숙한 신경계를 이용한 것일 뿐 신경계를 바꾼 것은 아니다.

'카누를 타고 싶다'는 생각은 신경계를 새롭게 변환시킨다. 그 변환에 의해 새롭게 적응하게 된 신경계는 카누를 쉽게 탈 수 있게 만든다.

A씨가 "어쩔 수 없다", "포기했다"고 중얼거렸을 때에 마음속에서 탄생한 자기 자신에 대한 강렬한 '생각'은 그녀 자신의 내부에서 형성되고 부각된 생각이다. 그 생각은 신경계를 움직이게 했을 뿐 아니라 짧은 시간에 신경계를 재조합할 정도로 강력한 것이었다.

물론 그녀의 불면증을 약으로 치료할 수도 있었다. 수면을 유발하는 약제는 신경계 네트워크의 일부를 차단해 신경 전달물질의 흐름을 바꾸는 방식으로 효과를 발휘한다. 하지만 생각을 통한 소프트웨어의 변환은 그 이상의 효과를 이끌어냈다. 그 결과 신경 전달물질 분비의 흐름이 바뀌고 자연스러운 숙면을 취할 수 있게 된 것이다.

중추신경계에서 발생하는 놀라운 변화

상전이(相轉移; phase transition)는 물리학 용어다. 예를 들어, 물이 얼음으로 변화했을 때 상전이가 발생했다고 표현한다. 상전이는 짧은 시간에 발생한다. 물이 얼음으로 변화하기 전 수온이 서서히 내려가 섭씨 0도에 가까워진다. 그러나 0도가 되기까지 물은 아무런 변화도 보이지 않는다. 수온이 0도에 도달하는 순간, 물속에 갑자기 얼음의 결정이 발생하고 순식간에 그 결정이 전체로 퍼져나간다. 이때 물질의 성질은 부드러운 액체에서 단단한 고체로 변화한다.

하지만 물이나 얼음을 구성하고 있는 기본적인 입자는 전혀 바뀌지 않는다. 즉, 두 개의 수소 원자와 한 개의 산소 원자로 이루어지는 물 분자 'H$_2$O'는 변하지 않는 것이다. 상전이에 의해 발생한 현상은 입자 자신의 변화가 아니다.

그렇다면 무엇이 변화한 것일까? 그것은 입자와 입자를 연결하고 있는 네트워크다. 물이 얼음으로 바뀌는 순간 입자끼리의 네트워크가 바뀌는 것이다. 그 결과 같은 입자이면서 전혀 다른 성질을 띠게 된다.

초전도(超電導)도 상전이에 해당한다. 온도가 어느 임계점에 도달하는 과정에 의해 물질의 상호 연결 방식이 변화하는 것이다. 그 네트워크의 변화가 완전히 새로운 초전도라는 성질을 실현시킨다.

나는 상전이라는 개념이 마음에 든다. 물리학에서 말하는 상전이와 비슷한 현상이 중추신경계에도 발생해 짧은 기간에 신경세포의 네트워크가 재조합되는 현상이 일어나는 것이 아닐까? 뇌 속의 이런 변화는 현재의 기술로는 측정할 수 없다. 그것은 카누 연습에 의해 발생한 재조합보다 훨씬 근본적인 변화다. 뇌의 기능이 새로운 수준으로 전이되는 것이다.

할 수 없었던 것을 할 수 있게 되었다. 볼 수 없었던 것을 볼 수 있게 되었다. 오랜 세월 동안 실현할 수 없었던 것을 실현할 수 있게 되었다. 이 모든 것들이 이전과는 전혀 다른 사람으로 바뀌는 불가사의한 현상이다.

다른 사람이나 자신의 신체는 나에게 있어서 한편으로는 객관적이
고 물질적인 존재이지만 다른 한편으로는 나의 주관에 강한 영향을
받는다. 그렇기 때문에 사람이나 신체는 새로운 해석에 따라 바뀔
가능성이 있다. 사람이 바뀐다면 사람이 만들어내는 결과물도 바뀔
수 있다. 생활이나 인생도 바뀔 수 있는 것이다.

객관적 세상을 주관적으로 바라보기

설명과 해석의 차이

어떤 현상을 해석한다는 것의 의미는 무엇일까? 해석이라는 말과 비슷한 '설명'이라는 말도 있다. 설명이나 해석이나 모두 어떤 현상에 관하여 논리적인 연관성을 바탕으로 밝힌다는 뜻을 내포하고 있다. 그러나 이 두 가지 말이 가진 어감에는 미묘한 차이가 있다.

"설명한다는 것은 어떤 현상을 가능하면 객관적으로 밝힌다는 의미가 강하다는 데 비해 해석한다는 말에는 주관적인 조작을 통해 밝힌다는 의미가 포함되어 있다."

_오노 스스무,《유어신사전(類語新辭典)》

　우리가 어떤 현상의 원인, 결과, 과정 등을 몇 가지로 '다시 설명한다'고 해도 어떤 현상 자체는 변하지 않는다. 어떤 현상은 객관적인 존재이며 우리의 설명 방식에 영향을 받지 않기 때문이다.

　그러나 우리가 어떤 현상을 '다시 해석한다'고 한다면 어떻게 될까? 해석 방식에 따라서는 그 현상과 우리 사이에 벌어지고 있는 현상에 어떠한 변화가 발생한 듯한 느낌이 든다. 누구나 당연하다고 생각했던 현상을 보며 새로운 해석을 해보면 지금까지 볼 수 없었던 것을 볼 수 있고 지금까지 깨닫지 못했던 관계가 부각되는 경우가 있다.

　만약 그런 일이 발생한다면 해석을 하고 있는 우리와 해석의 대상인 현상의 관계가 바뀐다. 그 결과 지금까지 깨닫지 못했던 사실을 깨닫게 된다.

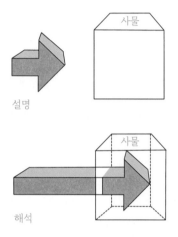

여기에서 나는 설명이라는 말에는 없고 해석이라는 말에는 포함되어 있는 일종의 힘을 느낀다. 이 힘은 해석이라는 말이 가진 현상과 자신과의 관계를 다시 만들어내려고 하는 주관적인 요소의 불가사의한 힘이다.

해석은 주관적인 요소를 가지고 있기 때문에 자칫 잘못하면 독선이 되어버릴 위험성을 내포하고 있지만, 그와 동시에 해석한 사람과 해석이 된 현상의 관계를 다시 만들어내는 힘도 가지고 있다.

한 걸음 더 분석을 진행시켜 우리의 해석을 바꾸는 방식을 통해 실제로 객관적인 존재가 바뀌는 경우가 있는지 생각해보자. 어떤 조건 아래에서는 그런 일이 발생할 수 있다고 생각한다. '만약 그 객관적인 존재가 우리의 주관에 의해 어떤 영향을 받는 존재라고 한다면'이 바로 그러한 조건이다. 이런 조건 아래에서는 우리의 새로운 해석에 의해 실제로 현상이 바뀔 가능성이 있다.

예를 들어, 일상생활의 인간관계를 구성하고 있는 각 개인은 한편으로는 분명히 신체를 가지고 있는 객관적이고 물질적인 존재이지만 다른 한편으로는 각자의 주관적인 태도에도 민감하게 반응하는 존재다. 이전까지는 신경도 쓰지 않았던 누군가를, 내가 어느 시기부터 존경하는 눈길로 바라보고 상대하기 시작했다면 그 사람과 나의 관계는 크게 바뀔 것이다. 나의 시선 변화를 깨달은 그 사람도 마찬가지로 나에 대한 태도와 행동을 바꿀 것이다.

얼마 뒤 그는 내게 호감을 보이기 시작하고 운이 좋으면 나는 그로부터 "저녁식사나 함께하자."는 제안을 받게 될지도 모른다. 만약 그런 뜻밖의 저녁식사를 하게 된다면 이것은 분명히 객관적이고 물질적인 변화다. 그 변화를 나는 위장의 소화 작용을 통해서 확실하게 느낄 수 있다. 이것은 내 마음속에서 탄생한 '존경'이라는 새로운 해석에 의해 두 사람의 관계가 변했기 때문에 나타난 결과다.

또 우리의 신체도 한편으로는 생리 기능을 영위하는 객관적이고 물질적인 존재이지만 다른 한편으로는 각자의 주관적인 상태에 따라 크게 영향을 받는 물질적 존재이기도 하다. 기운이 없을 때에는 식욕이 떨어지지만 기운이 나면 식욕은 왕성해지곤 한다. 이처럼 우리의 신체는 각자의 기분과 생각에 따라 민감하게 반응한다.

다른 사람이나 자신의 신체는 '나'에게 있어서 한편으로는 객관적이고 물질적인 존재이지만 다른 한편으로는 '나'의 주관에 강한 영향을 받는다. 그렇기 때문에 사람이나 신체는 새로운 해석에 따라 바뀔 가능성이 있다. 사람이 바뀐다면 사람이 만들어내는 결과물도 바뀔 수 있다. 생활이나 인생도 바뀔 수 있는 것이다.

고정된 성인의 해석

사람들은 서른 살 정도가 되면 자신과 사회에 대한 안정된 해석을 갖추게 된다. 이것이 성인의 공통 해석, 즉 '성인의 해석'이다.

그 해석에 의하면 우리는 세상과 자신에 대해 객관적인 이해를 기초로 삼아 살고 있다. 우선 우리는 세상을 어떻게 이해하고 있을까? 앞에서도 말했다시피 우리 주변에는 각자가 사용하고 있는 책상, 집, 지역, 교통수단 등의 물질적인 존재와 그 안에서 기능을 하고 있는 가족, 친구, 이웃 사람, 동료 등의 인간관계가 있다. 세상은 이러한 물질적인 존재와 인간관계로 구성되어 있다. 이것이 우리가 세상을 이해하려고 할 때 필요한 정보들이다. 그리고 이 두 가지는 모두 우리에게 있어서 객관적인 존재다. 객관적이라는 의미는 내가 어떻게 마음을 먹고 어떻게 생각하느냐에 따라 변하는 대상이 아니라는 것이다. 그렇기 때문에 내가 그것들에 대한 해석을 바꾼다고 해도 그것들은 절대로 바뀌지 않을 것이라고 생각한다.

그렇다면 우리는 우리 자신을 어떻게 이해하고 있을까? 자신이란, 물질과 인간관계라는 객관적인 존재 속에 살면서 이 두 가지 객관적인 존재에 의해 의미를 부여받은 하나의 인간이다. 인간관계 안에서는 가족의 구성원인 아버지로서 인정을 받거나 회사의 구성원인 과장이나 부장으로 인정을 받는 사람이며, 물질적인 존재 안에서는 자신의 책상이나 자신의 집을 소유하고 공공의 교통수단을 이용하는 것처럼 물질과의 관계에서 제약을 받고 있는 인간이다.

되풀이하지만 이것은 성인의 해석에 의한 세상과 자신의 관계다. 그리고 이런 해석을 바탕으로 우리는 자신이 스스로를 바꿀 수 있는가 하는 의문에 대해 결론을 이끌어낸다. 즉, 나는 인간관계와 물질이라는 두 가지 객관적인 존재들에 의해 규정된 하나의 인간이다. 이 두 가지 존재는 나의 태도나 일시적인 생각으로는 바뀌지 않는 객관적인 존재다. 그렇기 때문에 나의 태도나 기분이나 해석을 바꾼다고 해도 나 자신은 바뀌지 않는다.

이것이 서른 살 정도까지 우리가 만들어내는 세상과 자신에 대한 '성인의 해석'이다. 정신이 발달한 결과, 우리 성인은 세상과 자신에 대해 객관적인 관점을 가지게 되고 객관적인 세상의 해석을 구축하는 것이다. 이것은 인간 정신이 도달하게 될 하나의 지향점이며 영·유아기나 성장기 학생, 청년에게서는 볼 수 없는, 넓은 시야로 관측한 해석이다. 그 결과 성인으로서의 안정된 존재를 획득할 수 있다.

그러나 객관적인 해석은 일단 완성되면 우리는 물론이고 우리와 관련이 있는 현상과의 관계를 고정시켜버릴 위험성을 가지고 있다. 특히 이 해석이 성인의 공통 해석인 경우, 완성된 해석을 혼자 재해석하기는 정말 어렵다. 그 결과 완성된 해석은 우리가 성인의 해석 이상으로 변화할 수 있는 가능성을 차단해버린다. 이 해석을 바탕으로 자신은 더 이상 바뀔 수 없다고 믿어버리게 된 우리는 새로운 해석을 찾으려는 노력조차 하지 않는다.

성인이 된 우리는 해석을 바꾸는 방식으로 객관적인 존재가 바뀔 수 있다고 믿지 않는다. 또 성인이 된 우리는 해석을 바꾸는 방식으로 나 자신이 바뀐다고 믿지도 않는다. 그렇다면 '성인의 해석'을 가진 우리에게는 바뀔 가능성이 더 이상 남아 있지 않은 것일까?

인간의 잠재력을 깨우는 플라세보 효과

사람의 기대치와 플라세보 효과

어떤 약제가 정말로 질병에 효과가 있는지를 테스트하는 이중맹검법(二重盲檢法)이라는 재미있는 검사법이 있다. 의약계에서는 새로운 약제를 개발하면 반드시 이중맹검법을 통과해야 비로소 약효를 인정받는다. 이중맹검법을 실시할 때 신약과 함께 준비해야 하는 것은 외견상 진짜 신약과 전혀 구별이 되지 않는 위약, 즉 가짜 약이다. 이 가짜 약을 '플라세보(placebo)'라고 부른다.

예를 들어, 새로 개발된 약이 수면제라고 하자. 그 수면 효과를 확인하기 위해 진짜 신약과 플라세보를 각 열 개씩 준비한다. 외견상으로는 알약 스무 개의 진위를 구별할 수 없다. 알약에 제조 번호를 각인해 진짜와 플라세보를 구별할 수 있지만 그 사실을 알고 있는 사람은 실험 대상자를 제외한 몇몇 사람들뿐이다. 검사에 참가하는 환자는 물론이고 수면제를 처방하는 의사도 어떤 약이 진짜이고 어떤 약이 플라세보인지 알 수 없다.

이제 불면증 때문에 고민하는 스무 명의 봉사자를 모집해서 이 스무 개의 알약을 복용시킨다. 참가자는 자신이 복용한 약이 진짜인지 가짜인지 알 수 없다. 알약에 대해 "새로운 수면제입니다."라고 말하며 환자에게 처방하는 의사도 자신이 건네준 약 중에서 어느 것이 진짜인지 모른다. 약을 복용한 환자도, 그것을 처방하는 의사도 약의 진짜 내용에 관해 모르기 때문에 이중맹검법이라고 부르는 것이다.

약을 복용한 다음 날에는 환자들을 각자 면접해 약효가 어떠했는지를 확인한다. 그런 다음 누가 진짜 약을 복용했고 누가 가짜 약을 복용했는지를 밝힌다. 이런 복잡한 과정을 거치는 이유는 플라세보 효과를 구별하기 위해서다. 플라세보 효과란 위약을 좋은 약이라고 생각하고 복용할 경우 진짜 약처럼 효과가 나타나는 현상을 말한다. 예를 들어, 누군가에게서 단순한 설탕을 받았을 뿐인데 "이것은 매우 값비싼 약이고 효과가 뛰어납니다."라는 말을 듣고 복용하면 실제로 병이 낫는 경우가 있다. 이것이 플라세보 효과다.

어떤 약을 복용하는 환자가 좋은 약이라고 생각하고 복용하면 효과가 강해지고, 처방하는 의사가 좋은 약이라고 강조하면 효과가 더욱 강해진다. 약에 대한 기대치에 의해 약효가 바뀌기 때문이다. 이중맹검법에서는 수면제를 복용한 환자나 그것을 처방한 의사 모두 어느 것이 진짜이고 어느 것이 가짜인지 모르기 때문에 약의 효과에 대한 기대치는 같다고 생각할 수 있다. 이처럼 약에 대한 기대치를 균일하게 만들어 플라세보 효과를 일정하게 하는 방법이 이중맹검법이다.

수면제를 복용한 다음 날에 실제로 어느 정도의 효과가 있었는지 조사한다. 그 결과 불면증이 개선되어 숙면을 취할 수 있었던 사람은 진짜 약을 복용한 열 명 중에서 여덟 명이고, 가짜 약을 복용한 열 명 중에서는 네 명이라고 하자. 이때 신약은 열 명 중 몇 명에게 효과가 있었다고 생각해야 할까?

대답은 네 명이다. 진짜 약을 복용한 열 명 중에서 여덟 명이 숙면을 취했지만 그중에서 네 명은 가짜 약으로도 효과가 있었다고 추정할 수 있기 때문에 실제 약의 효과는 그 수를 제외한 네 명에게만 있다.

이런 플라세보 효과는 모든 종류의 약에 적용되고 보통 30~40퍼센트의 환자에게서 반응이 나타나는 것으로 알려져 있다. 바꾸어 말하면 30~40퍼센트의 환자는 위약으로 질병이 낫는다는 뜻이다. 가짜 약에 의해 혈압이 내려가거나 천식이 멈추거나 숙면을 취하게 되는 현상은 오래전부터 다양하게 보고되어 있으며, 플라세보 효과는 약리학 세계에서도 잘 알려져 있는 사실이다.

기대와 해석으로 인한 효과

그렇다면 플라세보 효과는 왜 나타나는 것일까? 천식에 대해서 생각해보자. 천식은 폐 속의 기관지가 매우 예민해진 상태로, 기관지가 좁아져서 숨이 차거나 발작적으로 기침을 심하게 하는 괴로운 질병이다. 천식 발작이 일어났을 때에는 교감 신경 자극제라고 불리는 자율신경계에 작용하는 약물을 복용한다. 약물을 복용하면 기관지가 확장되어 공기가 잘 통하게 되면서 발작이 가라앉는다. 그런데 가짜 약에 의해 천식이 가라앉을 때에도 실제로 폐 속에서는 폐쇄되어 있던 기관지가 다시 확장되어 공기가 잘 통하게 된다는 사실이 확인되었다. 즉, 가짜 약이 진짜 약과 마찬가지로 폐에 물질적인 변화를 일으키는 것이다.

이처럼 플라세보 효과는 단순한 착각이 아니라 실제로 물질적인 변화를 일으킨다. 가짜 약의 이런 효과는 자율신경계의 작용에 의해 발생한다고 여겨지고 있다. 자율신경의 중추는 뇌에 있으며 뇌의 명령에 의해 자율신경계의 작용이 변하고 폐 속에 진짜 약이 작용할 때 효과를 내는 것과 똑같은 변화를 일으킨다.

가짜 약을 복용했을 때에 우리의 내부에 발생하는 것은 '약을 복용했다'는 관념뿐이다. 복용한 약은 실제로는 가짜였지만 '약을 복용했고 이 약은 효과가 있을 것이다.'라는 우리의 기대와 해석이 뇌에 어떤 변화를 일으켜 그것이 자율신경계를 움직이고 폐 속에 물질적인 변화를 초래하는 것이다. 즉, 플라세보 효과는 우리 자신의 신체에 대한 해석으로부터 탄생하는 것이다.

엄밀하고 객관적인 과학적 방법론을 토대로 삼는 현대 의학에서 플라세보 효과는 오랜 세월 동안 약제의 효과 측정을 교란시키는 성가신 문제로 여겨져 왔다. 그렇기 때문에 가짜 약이 효과가 있었다고 말할 때 거기에는 늘 부정적인 평가가 따라붙었다. 예를 들어, 가짜 약에 의해 개선되는 질병은 대단한 질병이 아니라는 식의 견해다.

최근 들어서는 플라세보 효과를 일으키는 마음의 메커니즘에 대한 관심이 높아졌다. 만약 이것이 해명된다면 마음의 상태 변화를 통해 수많은 질병을 치료할 수 있을지도 모른다.

암도 고칠 수 있다

매우 드문 일이지만 암이 자연스럽게 치유되는 경우가 있다. 그것도 전문적인 검사 결과 99.99퍼센트의 확률로 6개월 안에 사망할 것이라는 진단을 받은 악성도가 높은 진행 암에서도 그런 현상이 발생한다는 사실이 보고되고 있다.

전문가는 이것을 암의 자연퇴축(自然退縮)이라고 부른다. 하지만 자연퇴축은 매우 드문 경우로 어느 조사에서는 2만 건 중에 1건이라고 보고되었고, 또 10만 건 중에 1건이라고 보고한 전문가도 있다.

흉부 엑스선 사진에 커다랗게 퍼져 있던 암이 몇 개월 뒤에 흔적도 없이 사라졌다. 그것이 일찍이 존재했다는 증거는 엑스선 사진에 분명히 남아 있지만 왜 그것이 사라진 것인지는 알 수 없다. 수많은 암 치료 전문가는 자연퇴축이 가능한 일이라고 인정하지만 그 메커니즘을 탐구하기는 어렵다고 생각한다. 흔히 발생하는 현상이 아니고 언제 발생할지도 예측할 수 없기 때문이다. 엄밀한 의미에서 암의 자연퇴축은 과학적인 연구의 대상이 될 수 없다. 그런 문제에 신경을 쓰는 것보다는 좀 더 확실한 암 치료법 연구에 전념해야 한다고 대부분의 암 치료 전문가들은 입을 모은다. 당연하다.

그러나 자연퇴축을 경험한 소수의 전문가들은 몇 가지의 가설을 세워 그 메커니즘을 탐구하고 있다.

첫 번째 가설은 암세포의 일상적인 발생과 이것을 초기 단계에서 말살시키는 면역 체계의 싸움이다. 우리는 매일 많든 적든 발암 물질이나 방사선에 노출되고, 그 결과 DNA가 손상된다. 통상적으로 DNA는 자기 자신을 회복하는 방법을 갖추고 있지만 이것이 적절하게 이루어지지 않을 때 초기의 암세포가 발생한다.

이 작은 암의 발생을 감시하고 발견하는 대로 물리치기 위해 즉시 싸움을 하는 것이 면역 체계다. 예를 들어, 백혈구 안에 있는 자연살해세포(natural killer cells)는 암세포를 직접 파괴한다. 유명한 인터페론(interferon), 인터류킨(interleukin) 등도 면역 체계의 강력한 동료다. 우리의 신체는 늘 암과 싸우고 있으며 대부분의 경우 무사히 승리를 거둔다. 그러나 어떤 원인에 의해 신체 내부의 자연방어 체계가 충격을 받아 적절하게 작용하지 못하게 되었을 때 암이 커져 신체를 갉아먹기 시작한다. 이것이 첫 번째 가설이다.

두 번째 가설은 암과 싸움을 하는 면역 체계는 마음의 상태에 따라 그 기능이 약해지기도 하고 반대로 보다 강해지기도 한다는 가설이다. 커다란 스트레스에 노출되었을 때에는 일시적으로 면역 기능이 약화된다는 사실이 널리 알려져 있다. 어떤 연구에서는 최근에 배우자를 잃고서 커다란 스트레스에 노출된 스물여섯 명을 조사해보았더니, 남편이나 아내가 사망한 직후 몇 주일 동안은 면역 기능이 명백하게 저하되었다고 한다. 반대로 큰 웃음을 터뜨릴 정도로 즐거운 시간을 보낸 이후에 채혈을 해서 면역 기능을 조사해보자 평소보다 더 활발해졌다는 보고도 있다.

이렇게 마음의 상태와 면역 체계의 연관성을 연구하는 것이 정신신경면역학이라는 새로운 학문 분야다.

마음의 상태가 가져온 기적

자연퇴축된 암에 대한 마지막 가설은 그 사람의 내부에 커다란 심리적 변화가 발생해 잠들어 있던 면역 체계를 깨운다는 것이다. 자연 치유를 통해 암과의 싸움에서 살아 돌아온 사람들은 심리적 변화를 강조하는 경우가 많다.

사람의 신체 안에서는 일상적으로 암과의 싸움이 반복되

고 있다. 그 메커니즘을 포착해 암과 싸우는 세포들의 힘을 강화한다면 자연퇴축이라는 기적을 일으킬 수 있을지도 모른다. 가설과 현실의 차이는 매우 크지만 새로운 해석이 나오고 있다는 것은 분명하다.

대학 시절, 나에게 정신의학을 가르친 구마시로 히사시(熊代永) 교수는 암의 자연퇴축과 관련된 하나의 예를 소개하면서 정신신경면역학의 중요성을 역설했다. 약간 긴 내용이지만 소개해보겠다.

오래전부터 알고 지내던 부인이 유방암으로 입원했다는 말을 듣고 문병을 갔다. 이미 암 말기 상태여서 대소변도 가리지 못한 채 누워 있었다. 본인은 물론이고 남편도 눈물만 흘릴 뿐이었다. 그래서 위로를 해준다는 생각으로 나카가와 슌지(中川俊二: 암 자연퇴축 연구의 일인자)의 자연퇴축 이야기를 해주고 돌아왔다. 4주일 후 병동 복도를 걷다가 담당 의사를 만났는데 그에게서 부인의 이야기를 들을 수 있었다.

"선생님은 정신과 의사이시기는 하지만 정말 신기합니다. 단한 번의 문병이 특별한 효력이 있을 것이라고 생각할 수는 없지만 그 환자는 선생님이 문병을 다녀가신 다음 날부터 점차 나아지더니 걸어서 퇴원했습니다.”

나도 깜짝 놀라 즉시 그 부인의 집을 방문해보니 내게 인사를 하러 올 생각이었는데 일이 바빠서 잠깐 밖에 나갔다는 것이었다. 나중에 들어보니 내가 문병을 다녀간 날 오전 중에도 다른 지인이 자연퇴축과 관련된 신문 기사를 발췌해서 보여주었고, 오후에는 전문가로 생각한 내가 마침 또 그 이야기를 하자 '그래. 나도 이 방법을 실천해보자.' 하고 생각하게 되었다는 것이다.

_구마시로 히사시, 《정신의학》

암은 분명히 객관적인 존재인데도 마음의 영향을 받는 것일까? 이 일화에 입각해 생각해보면 마음이 새로운 해석을 시작했을 때, 그때까지 잠들어 있던 면역 메커니즘이 잠에서 깨어나 활동을 시작했다. 암과의 싸움이 시작되었고, 암은 소멸되었다. 새로운 해석이 암이라는 물질을 소멸시킨 것이다.

새로운 해석이 탄생하는 토양

해석을 바꾸는 방식을 통해 이끌어낼 수 있는 것은 새로운 능력이다. 운동회 전날에 "나는 우리 반에서 달리기가 가장 빨라."라고 암시를 건 아이가 다음 날 달리기 경주에서 1등을 하는 경우도 있다. 암시가 그 아이의 잠들어 있던 능력을 이끌어낸 것이다. 이런 점에서 암시와 새로운 해석에 의해 발생하는 효과는 비슷하다. 새로운 해석도 그 사람의 새로운 능력을 이끌어내고 결과적으로 사람을 바꿀 수 있다.

그러나 새로운 해석과 암시는 다른 점도 많다. 암시의 효과는 우연적이고 변덕스러우며 불안정하다. 잘 맞아떨어지면 커다란 효과를 발휘하지만 효과가 전혀 나타나지 않는 경우도 많다.

암시에 비해 사람이 바뀔 때에 만들어지는 새로운 해석은 확실하고 안정적으로 작용한다. 고루한 해석 안에서 필연적으로 탄생하는 것이기 때문이다.

새로운 해석을 발견해내고 자신과 주변을 바꾸기 시작할 때까지 사람은 고루한 해석 안에서 고민하고 발버둥 치며 고통스러운 시기를 보내야 한다. 고루한 해석으로는 도저히 자신이 직면해 있는 문제를 해결할 수 없다는 사실을 깨달았을 때, 일종의 절망감 속에서 마음은 새로운 해석을 낳는다. 새로운 해석은 고루한 해석 안에서 숙성되고 절망이라는 현실적 검증을 견뎌내며 탄생하는 것이다.

플라세보 효과는 약에 대한 해석의 결과다. 그것은 잠들어 있던 신체 능력을 이끌어낸다. 그러나 플라세보 효과는 복용하고 있는 약이 가짜 약이라는 사실을 알게 되면 소멸해버리는 경우가 많다. 자신에게는 진짜 약만 효과가 있다는 생각으로 되돌아가기 때문이다. 그래서 새로운 해석을 만들어내지 않는다.

암의 자연퇴축은 의학의 상식적인 해석을 초월한 예외적인 현상이다. 그러나 장래에 이 현상이 과학적으로 해명된다면 그 사실은 우리의 마음과 신체에 관한 새로운 해석을 낳게 될 것이다.

과학은 항상 더 효율적이고 포괄적인 새로운 해석을 탐구한다. 새로운 해석의 탐구는 고루한 해석으로는 더 이상 이해할 수 없다는 사실을 깨닫게 되는 과정을 통해 발전한다. 새로운 해석은 고루한 해석 안에서 탄생하고 그것을 초월해가는 것이기 때문이다.

전자기학이 탄생했을 때 그것은 자연계에 대한 새로운 해석에 해당했다. 그 해석에 의해 우리는 자연계로부터 전파라는 새로운 능력을 이끌어내어 이용할 수 있게 되었다. 그리고 그것이 우리의 생활을 엄청나게 바꾸어놓았다.

3장

늘었다고 말하는 순간, 우리는 늙기 시작한다

평균적인 성인과는 다른 인생을 살고 있는 사람들, 다른 사람보다 정신적, 신체적으로 건강하게 살고 있는 사람들은 인생에 대해 어떤 공통된 생각을 가지고 있다고 한다. 그들은 인생은 자기 것이며 자기는 이 인생에서 무엇인가를 계속 만들어내고 있다는 자신감과 확신에 차 있다. 인생에 대한 자신감과 확신을 바탕으로 그들은 자신의 재능이나 잠재력을 크게 꽃피웠고, 자기실현에 성공하였으며, 인생을 즐겁게 살고 있는 것이다.

우리들의 엘비스는 죽지 않는다

인생 후반에 대한 해석

세상과 자신에 대한 재해석은 어떻게 가능한 것일까? 좀 더 정확하게 말한다면, 해석을 더욱 발전시키는 기술은 무엇일까? 이번 장에서는 고루한 해석을 바꾸어가는 우리의 능력에 관하여 생각해보자.

우리는 서른 살 정도가 될 때까지 성인으로 성장해 세상과 자신에 관한 해석을 갖추게 되고 안정된 인생을 보낼 수 있는 기틀을 만든다. 그 해석은 우리가 사회에서 살아가는 데 빼놓을 수 없는 중요한 기초다. 그렇기 때문에 우리는 태어난 이후

오랜 세월에 걸쳐 세상과 자신에 대한 해석을 체득한다. 그러나 마흔 살, 쉰 살이 되었을 때 그 해석은 조금씩 고루한 해석으로 바뀌어간다.

40~50대가 되었을 때 우리는 자신의 인생이 후반부로 접어들었다는 사실을 자각한다. 체력의 쇠퇴나 시력 저하 같은 신체적 변화 때문만은 아니다. 그보다 더 큰 변화는 인생 전체의 시간에 대한 감각이 바뀌는 것이다.

마흔 살 즈음까지는 인생은 무한대라고 생각했지만 후반부로 접어들었다는 자각을 하게 되면 인생이라는 시간은 결국 죽음이라는 사실로 제한되어 있다는 사실을 깨닫는다. 그리고 그 시간은 매일의 일상생활에 주어지는 짧은 시간들과 연속되어 있다. 이 단순한 사실을 자각할 때 우리의 마음은 죽음을 바라보기 시작한다.

마음이 죽음을 바라보기 시작하면 자연스럽게 그 사실을 보다 정확하게 이해하고 해석하기 위해 움직이기 시작한다. 그러나 우리가 그때까지 배양해온 고루한 해석, 즉 '성인의 해석'으로는 죽음을 이해할 수 없다. 고루한 해석은 사회에 적응하기 위해 만들어낸 '성인이 되기 위한 해석'이기 때문이다. 그것은 사회에 적응하며 생활하기 위한 해석이며 하루하루를 보다 효율적으로 보내기 위한 해석이었다.

성인의 해석에서는 자신의 죽음 이후에도 이어질 사회가 언제까지 지속되는지에 대한 문제나 자신이 언제까지 존재하는지에 대한 문제는 전제가 되어 있지 않았다. 성인의 해석에서는 죽음은 오로지 피해야 하는 것으로서만 해석되었다. 성인의 해석을 만들어내는 데 성공하고 사회에 적절하게 적응하면서 안정을 얻게 된 우리는 지금 가지고 있는 해석으로도 일단은 만족한다. 그 상태로도 하루하루를 보내는 데 특별한 문제는 없기 때문이다.

하지만 죽음이라는 사실을 포함한 인생의 후반부를 진지하게 생각하게 되면 하루하루의 생활에만 만족하고 그 앞의 인생을 생각하지 않는 안일한 태도로는 살 수 없다. 설사 죽음을 진지하게 생각하려 하지 않는다고 해도 미래에는 확실한 죽음이 존재한다고 생각한다면 그 생각이 자기도 모르는 사이에 일상의 생활방식에 영향을 끼친다.

예를 들어, 이 사회에 적응하고 그 안에서 살아가는 것을 최고의 가치라고 생각했지만, 자신의 앞에는 늘 피해야 할 죽음이 기다리고 있다고 인생을 해석하는 경우, 우리는 후반부의 인생을 어떻게 받아들일까?

사회에 적응하고 그 안에서 살아가는 것이 최고의 가치였지만 인생의 마지막에는 그 최고의 가치를 파괴해버리는 죽음이 존재한다면, 후반부의 인생은 절정을 지난 내리막길이라고 해석될 것이다. 다시 말하면, 우리 성인은 지금까지 사회에 적응하기를 마치고 하루하루를 살아가는 방법을 체득한 것이므로 우리는 최고의 가치를 달성한 것이라고 말할 수 있다. 그렇다면 우리에게는 더 이상 인생의 목표라고 부를 수 있는 것은 존재하지 않는다. 이후에는 하루하루의 생활을 유지하는 것뿐이다.

영원히 그 생활을 유지할 수 있다면 상관이 없다. 하지만 그 생활의 앞에는 죽음이 존재하고 우리가 유지하고자 하는 생활은 거기에서 강제로 끝나버린다. 우리는 그 생활이 종결되기를 바라지 않는다. 그렇기 때문에 인생의 후반부는 생활의 강제적인 종결로 향하는 내리막길인 것이다.

따라서 성인의 해석에 의하면 인생의 후반부는 완성 이후의 붕괴, 목표 달성 이후의 내리막길이 된다. 죽음을 의식하건

의식하지 않건 이것이 일상생활에 소리 없이 다가오는 인생 후반에 관한 해석이다.

입으로는 아무리 강한 척 말을 해도 마음속으로는 내리막 길이라는 해석을 순순히 수용한다. 아직 젊은 사람들에게 뒤지지 않는다고 말할 때, 그것은 자신이 젊은 사람과 같은 가치 기준 위에서 살고 있다는 사실을 내세우는 것임과 동시에 자신이 내리막길에 놓여 있다는 사실을 자백하는 것이다. 이런 사실을 깨달았을 때 우리는 성인의 해석을 계속 사용하는 데에 주저함을 느낀다.

신체적인 노화를 막는 해석

하버드대학 심리학부의 엘렌 랭어(Ellen Langer) 교수가 노화에 관한 재미있는 실험을 실시했다. 이른바 '시계 거꾸로 돌리기' 실험이다. 1979년 랭어 교수는 여든 살 이상의 노인을 모아 보스턴에 있는 한 요양원에서 3주 동안 생활하게 했다.

실험자들은 요양원 안의 환경을 1950년대처럼 재현했다.

엘비스 프레슬리의 음악이 흘러나왔고, 쿠바의 피델 카스트로나 소련의 니키타 흐루쇼프가 등장하는 뉴스를 흑백 텔레비전과 라디오로 틀어주었다. 당시 발행된 잡지도 곳곳에 비치해두었다. 노인들은 요양원에서 예전처럼 편하게 이야기를 나누고 행동하라는 지시를 받았다.

3주 후 호르몬을 비롯해 다양한 생리학적 지표를 조사해보니, 짧은 기간 동안 노인들은 생리학적으로 몇 살이나 더 젊어졌다는 결과가 나왔다.

이 실험의 결과는 다양한 분석이 가능하다. 그중 하나는, 자신이 젊다고 믿으면 신체는 거기에 어느 정도 반응을 보인다고 추론할 수 있다는 것이다. 반대로 자신이 늙어간다고 생각하면 노화도 가속화된다는 의미일 수도 있다. 실제로 노인들은 현실 생활로 돌아오자 다시 평균적인 노인의 신체 나이로 돌아왔다. 이 실험을 통해 만약 우리가 '성인의 해석'을 계속 유지하면서 인생 후반부는 절정을 지난 내리막길이라고 믿고 생활한다면 그렇게 생각하지 않는 사람과 비교할 때 신체적인 노화가 보다 빠르게 진행될 가능성이 있다는 것을 알 수 있다. 또는 그 반대로도 말할 수 있다. 즉, 인생 후반부를 어떻게 해석하느냐에 따라서 신체의 노화 속도가 완만해질 가능성도 있다는 것이다.

건강하게 일하던 사람이 정년이 되어 현장에서 떠나는 순간 갑자기 체력을 잃고 얼마 지나지 않아 병석에 누웠다는 이야기를 종종 들을 때가 있다. 그 사람은 정년 이후에는 자신의 체력이 보다 급격하게 내리막길로 접어든다고 생각했던 것이 아닐까? 또는 정년 이후에는 자신의 인생이 없다고 믿고 있었던 것이 아닐까?

반대로 우리는 랭어 교수의 실험에 참여한 노인들처럼 환상적인 세상을 만들어낼 수도 있다. 또는 자신의 인생은 일반적인 사회의 그것과는 다르다는 강력한 암시를 걸 수도 있다. 마음에 한 점의 의문도 없이 이런 확신을 가질 수 있다면 굳이 "아직 젊은 사람에게 뒤지지 않는다."는 말을 할 필요도 없이 인생 후반부를 즐겁게 살아갈 수 있을지도 모른다.

그러나 지성이 발달한 우리는 환상의 세계나 강력한 암시는 언젠가 깨어나게 되는 꿈이라는 사실을 알고 있다. 우리가 원하는 것은 그런 것이 아니라 자신의 인생과 세상을 확실하게 바꿀 수 있는 새로운 해석이다.

심리학자 매슬로는 다른 사람보다 오래, 다른 사람보다 건강하게 살고 있는 사람들이 이미 존재한다는 사실에 마음이 끌려 그들을 연구하는 데에 전력을 기울였다. 그들의 마음을 연구하면 사람의 마음을 보다 깊이 이해할 수 있다고 생각했기 때문이다.

그의 연구에 의하면 평균적인 성인과는 다른 인생을 살고 있는 사람들, 다른 사람보다 정신적, 신체적으로 건강하게 살고 있는 사람들, 매슬로의 말을 빌리자면 '자기실현'을 이룬 이 사람들은 소수에 불과하다. 매슬로는 그들에게서 인생에 대한 공통된 생각을 발견했다고 한다. 인생은 자신의 것이며 자신은 인생에서 무엇인가를 계속 만들어내고 있다는 '자신감과 확신'이 바로 그것이다. 그들은 자신감과 확신을 바탕으로 자신의 재능이나 잠재력을 크게 꽃피웠고, 그 결과 자기실현에 성공하였으며, 인생을 즐겁게 살고 있었다.

그러나 매슬로는 그 사람들이 특별히 우수한 재능을 갖추고 있었던 것은 아니라고 말한다. 자기실현을 이룬 사람들의 재능이나 잠재력도 평범한 사람과 다르지 않다. 다만 차이가 있다면 자기실현을 이룬 사람은 평균적인 성인과 비교할 때 자신의 재능을 억압하거나 잠재력의 개화를 억제하지 않았다는 것이다. 또 완벽하기는커녕 중대한 결점을 가진 경우도 있었다.

나는 매슬로의 의견에서 두 가지 전제 조건에 찬성한다. 첫째는 자신감과 확신은 사람을 성장시키는 원동력이 된다는 점이다. 둘째는 성인의 해석을 초월해 정신적인 성장을 이루는데 평범한 성인 이상의 특별한 재능은 필요하지 않다는 점이다. 자신의 재능을 무시하거나 억압하는 것이 성장을 저해하고 있을 뿐이다.

나는 정신과 임상에서 운 좋게 이와 같은 자신감과 확신을 얻은 사람들을 종종 만난다. 그들은 마음의 병을 극복하는 과정에서 매슬로가 말하는 자기실현을 이룬 사람들과 마찬가지로 자신의 인생에 대한 자신감과 확신을 체득했다. 그리고 그자신감과 확신이 그들의 마음의 병을 치유하고 인생 항로를 바꾸는 원동력이 되었다.

내가 만난 환자들이 체득한 자신감과 확신은 매슬로가 말한 그것과는 다른 것인지도 모른다. 그러나 방향성은 같다고 본다. 오히려 내 환자들의 출발점은 마음의 병이었기 때문에 회복 이전과 이후의 변화가 한층 더 극적으로 보이는 것이라고 생각한다.

질병에서 회복한 환자와 평균 이상의 인생을 즐기고 있는 자기실현자의 인생은 다를 수 있지만 자신을 바꾸어가는 능력이라는 측면에서는 다르지 않다. 또 마음이 향하는 방향도 같다. 거기에는 사람들이 자신을 성장시킬 때 힘을 발휘하는 공통의 메커니즘이 존재한다.

새로운 해석을 낳는 메커니즘에 관해 생각해보기 위해 나는 앞으로 내가 상담했던 환자들을 소개할 것이다. 그들이 특별히 우수한 인생의 해석을 하고 있기 때문이 아니라 인간이 가지고 있는 고루한 해석을 초월하는 능력을 최대한 이용해 마음의 질병을 극복한 사람들이기 때문이다.

그들이 가진 마음의 질병은 고루한 해석 안에 갇혀 있었다는 데 원인이 있다. 마음의 질병을 해결하려면 자신이 직면해 있는 새로운 사태에 대처할 수 있는 새로운 해석이 필요하다. 그리고 그들은 그것을 찾아내서 자신감과 확신을 되찾았다.

그들의 고민은 아주 다양했다. 일부는 우리의 일상생활로부터 동떨어져 있을지도 모른다. 우리의 고민은 대체로 인생 후반기의 삶에 대한 불안이 주를 이룬다. 각자가 끌어안고 있는 문제는 다르지만 마음이 새롭게 발달해 자신을 바꾸어갈 때의 메커니즘은 다 같을 것이다. 고루한 해석을 초월해 새로운 해석을 구축해가는 마음의 능력을 이용해 성인 이후 우리의 마음이 어디로 향해야 할 것인지를 탐구해보자.

아무도 내 감정을 막을 수 없다

아침 햇살에 움직인 마음

B씨는 여느 때와 다름없이 우울한 기분으로 침대 위에서 깨어 났다. 7개월 전에 갑자기 사고로 왼쪽 다리를 잃은 그는 사고 이후 단 하루도 상쾌한 아침을 맞을 수 없었다.

"아, 또 하루가 시작되고 있어. 하지만 다리가 없는 내게 이게 무슨 소용일까."

그는 정형외과 병동 침대 위에서 매일같이 이런 기분으로 아침을 맞이했다. 그런데 그날은 잠에서 깨어나자 묘하게 옆 창문을 통해서 들어오는 아침 햇살에 두 눈이 빨려 들어가는 듯한 느낌이 들었다. 며칠 동안 줄곧 내리던 비가 그치고 창밖으로 보이는 초여름의 짙은 녹색 잎들이 눈이 부실 정도로 반짝여 보였다. 하얀 커튼을 통과해 들어온 아침 햇살은 시트 위에 미묘한 그림자를 만들어냈다. 그 순간을 그는 '저도 모르게'라고 표현했다.

"아침 햇살을 보고 '아, 정말 아름답다'는 말이 떠올랐을 때 저는 제 마음에 배신당한 느낌이 들었습니다. 묘한 이야기이지만… 고작 아침 햇살을 보고 저도 모르게 아름답다는 느낌이 들다니!"

그의 마음은 자연스럽게 6월의 평범한 아침 햇살을 향해 움직이기 시작했다. 그때까지 그는 자신의 불행을 탄식하며 절망감에 빠져 앞으로의 긴 인생을 비참한 상태로 보내야 한다는 생각에만 젖어 있었다. 그런데 마음은 그와 반대로 창문을 통해서 들어오는 아침 햇살에 시선을 빼앗기며 매일 볼 수 있는 익숙한 장면에 감탄사를 연발하고 있었다. 이날을 계기로, 아니 이 순간을 계기로 그의 마음의 질병은 놀라울 정도로 회복력을 보이기 시작했다.

그는 자신을 부정하는 마음의 질병에 걸려 있었다. 살아 있어도 즐거운 일은 없을 것이라 생각하며 세상을 부정하는 질병이기도 했다. 그런 기분은 누구나 경험한 적이 있을 것이다. 누구나 자신이나 사회가 원망스럽게 느껴지는 순간이 있다. 다른 사람의 눈으로 본다면 사소한 문제가 원인인 경우도 있고, 반대로 다른 사람들도 그 고통을 충분히 이해할 수 있는 문제가 원인인 경우도 있다.

원인이 무엇이 되었건 우리는 때로 어두운 나락으로 떨어져 며칠씩 어두운 공간을 헤매면서 자신의 힘으로는 벗어날 수 없는 고통에 몸부림치는 경우가 있다. 그런 사람들이 정신과를 찾아와 상담을 받는다. 스스로 찾아오는 경우는 거의 없다. 가족이나 친구의 손에 이끌려 반강제로 찾아오는 사람이 대부분이다.

B씨도 그랬다. 그는 정형외과에 입원해 있으면서 몰래 병원을 빠져나가 술잔을 기울이는 일이 많았다. 그러다 알코올 의존증에 가까운 상태에 빠지면서 정신과 진료를 받게 되었다. 서른일곱 살의 그는 잡지 광고나 포스터 등을 제작하는 디자이너다. 5년 전에 다니던 대기업에서 독립해 자신의 회사를 설립했고, 회사가 정상 궤도에 올라 일에 쫓기면서 상당히 바쁜

생활을 보냈다. 한편으로는 충실한 나날이기도 했다.

그러던 어느 날, 밤늦게 일을 끝내고 술에 잔뜩 취해 귀가하는 도중에 지하철역 계단에서 발을 헛디뎌 굴러떨어졌다. 사고 당시에는 목숨마저 위험할 정도로 큰 중상이었다. 그럭저럭 목숨은 건졌지만 척추에 손상을 입고, 왼쪽 대퇴부 아래를 절단해야 했다.

수술이 끝나고 휠체어 생활을 하게 될 때까지는 그도 필사적이었다. 그의 마음을 있는 그대로 표현하자면 우울해할 여유조차 없었다. 그런데 절단된 다리에 맞춘 의족이 완성되어 그것을 장착하고 보행 훈련을 해야 하는 시점에 이르면서 갑자기 치료를 받겠다는 의욕을 잃어버렸다. 보행 훈련을 거부할 뿐 아니라 간호사들을 대하는 태도도 반항적으로 바뀌어 갔다.

보행 훈련은 전혀 진행되지 않았다. 빨리 일에 복귀할 수 있도록 가족과 친구들이 자주 병문안을 와서 그를 격려하고 위로했지만 그런 문병조차 피했다. 그러던 중 휠체어를 타고 병원을 빠져나가 몰래 술잔을 기울이기 시작했다. 보통 양이 아니었다. 의사나 간호사의 제지도 통하지 않았다. 틈만 나면 병원을 빠져나갔고 때로는 몸을 가눌 수 없을 정도로 완전히 취한 상태에서 경찰관의 손에 이끌려 병실로 돌아오는 날도 있었다. 그러는 사이 가족과는 대화도 하지 않고 완전히 자신만의 껍질 안에 들어가 폐쇄적인 모습을 보였다. 가족들도 더 이상 손을 쓸 수 없는 상황에 놓였다. 아니, 가족은 그를 미워하기 시작했는지도 모른다.

갑자기 다리를 잃은 그의 고통은 간호사들도 충분히 이해했다. 하지만 치료를 완강히 거부하고 대화를 거부한 채 틈만 나면 술을 먹고 들어오는 그는 병동에서 일하는 사람들의 기분마저 어둡게 만들었다. 그야말로 병원의 '문제아'였다.

그러던 그는 수술 후 7개월째, 문제아가 된 지 3개월 만에 자신의 능력으로 회복하는 모습을 보여주었다. 나는 그가 보행 훈련을 재개했다는 사실을 그의 아내를 통해서 들었다. 그의 아내는 남편이 병원에서 보행 훈련을 하던 자신의 모습을 들키자 처음에는 쑥스러운 표정을 지어보였다고 한다. 그녀는 남편에게 왜 보행 훈련을 다시 시작한 것인지 묻지 않았다.

B씨가 보행 훈련을 다시 시작한 날은, 그가 자기도 모르게 아침 햇살을 아름답다고 생각한 바로 그날이었다.

마음속에서 일어나는 수천 개의 충동

"당시의 저는 이 세상에 아름다운 것은 있을 수 없다고, 모든 것을 그런 식으로 부정하고 있었습니다. 저의 운명을 원망했어요. '나는 운이 없다.', '다리를 잃은 사람이 아니라면 이런 기분을 이해하지 못한다.', '훈련을 해서 설사 걸을 수 있게 된다고 해도 예전처럼 마음껏 돌아다닐 수는 없다.' … 이것이 당시 저의 '자세'였습니다. 그리고 실제로 저는 그렇게 마음을 먹고 행동했습니다. 가족이나 간호사의 상냥하고 따뜻한 마음은 제 입장에서는 강요처럼 느껴졌습니다."

그는 보행 훈련을 재개하고 얼마 지나지 않았을 때의 자신의 마음의 변화에 대해서 이야기해주었다.

"하지만 그 아침 햇살을 보았을 때 저의 마음은 혼란을 일으켰습니다. 눈을 뜨고 있었을 뿐 머리는 아직 멍한 상태였지요. 그때 저의 마음이 자연스럽게 아름다운 아침 햇살 쪽으로 향했습니다. 처음에 저는 제 마음에 배신을 당한 듯한 느낌이 들었습니다. 아름다운 것에 이끌리는 심리 작용은 그때까지의 완고한 제 마음과는 반대되는 현상이었으니까요. 저의 마음은 한 줄기 아침 햇살을 향해 자연스럽게 끌려가고 있었습니다. 하지만 저는 끝까지 아름다운 것 따위는 존재하지 않는다고 부정했습니다. 그런데 문득 가슴속에서 '아, 아름답다!' 하는 감정이 깨어났습니다. 동시에 머리에서 가슴을 향해 그런 감정을 느껴서는 안 된다고 부정하는 느낌도 강해졌습니다. 두 감정은 가슴에서 부딪혀 하나의 덩어리를 이루었지요. 저는 멍한 정신으로 어느 쪽에도 가세하지 않고 그냥 흐름에 맡기고 있었습니다. 양쪽 모두 저 자신의 모습이라는 사실을 느꼈을 때 하나로 뭉쳐진 덩어리는 조용히 사라졌습니다. 그리고 몇 초 후에 저도 모르게 '아, 아름답다!'라고 중얼거리게 된 것입니다."

그가 묘사해준 상황은 마음의 충동(impulse)이 발생하는 순간이다. 앞에서 '귤을 먹고 싶다.'라는 생각이 뇌의 어느 부위에서 탄생하는지 현재의 과학으로는 해명할 수 없다고 설명했다. 생각은 "귤을 먹고 싶다."라는 분명한 언어가 되기 전에 아직 형태를 갖추지 않은 작은 존재로서 마음속보다 깊은 곳에서 발생한다. 이 생각이 마음속에서 점차 확대되어 어느 수준에 도달했을 때 비로소 언어가 되어 귤을 먹고 싶다고 자각한다. 아름다운 꽃을 본 순간 "아름답다."라는 말을 내뱉기 전에 우리는 무엇인가 밝고 긍정적인 마음의 움직임을 느낀다. 이어서 이 움직임은 분명하게 자각되고 "아름답다."라는 말이 된다. 이것은 마음의 충동이 발생해 언어를 통해 자각되는 과정이다.

마음의 충동은 우리의 표면적인 의지와 관계없이 마음 깊은 곳에서 자연스럽게 발생한다. 마음의 깊은 곳은 감성의 층이나 보다 깊은 주관성의 층이라고 불리는 장소다. 마음의 계층 구조에 관해서는 다음 장에서 자세히 설명하겠지만 마음의 충동은 마음의 가장 깊은 주관성의 층보다 더 깊은 곳에서 발생한다.

우리의 마음에서는 매일 수천, 수만 개의 충동이 발생했다가 사라진다. 우리는 마음속에서 퍼져나간 충동이 감정이나 관념, 언어로 바뀌었을 때 비로소 자각한다.

만약 우리가 마음을 조용히 안정시키고 아무것도 생각하지 않으며 아무것도 느끼지 않는 '무아'의 경지에 도달할 수 있다면 마음속에서 충동이 발생해 자라는 과정을 볼 수 있을 것이다. 또는 생각하지도 못했던 감동적인 광경을 만났을 때 마음속에 순간적으로 감동이나 기쁨이 퍼져나가는 과정을 체험한 적은 없었을까? 이것도 마음속에서 충동이 발생해 확대되어 가는 체험이다.

이런 마음의 충동을 직접 체험할 기회는 그리 많지 않다. 보통은 충동이 발생해서 그것이 확대되어야 비로소 자각하게 된다. 그리고 그때 마음의 충동은 무의식중에 우리의 해석을 받아들여 변형되는 경우도 많다. 또는 자신의 해석에 맞지 않는

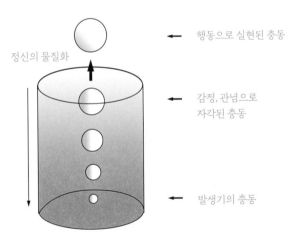

정신의 물질화

← 행동으로 실현된 충동

← 감정, 관념으로 자각된 충동

← 발생기의 충동

충동의 발생과 정신의 물질화

것은 무시되고 억압되기도 한다.

B씨도 아침 햇살을 그날 처음 본 것은 아니었을 것이다. 그러나 그때까지는 '아름답다.'라고 느낀 순수한 충동을 자각하지 않았고, 무의식중에 억압하고 무시했을 것이다.

B씨처럼 성인의 해석에 의해 변형되기 전에 충동이 발생하는 순간을 보는 것은 매우 드문 경우다.

사람의 마음은 자유롭게 움직인다

"이 세상에 즐거운 일은 아무것도 없다."라고 말하는 B씨의 마음은 오랜 시간 동안 보행 훈련을 거부하게 만들었다. 즐거울 수 없는 세상에 복귀하기 위해 굳이 훈련을 해야 할 의미가 없었기 때문이다. 그는 즐거운 것들을 무시하려고 노력했다. 그것은 예상하지 못한 불행의 나락으로 떨어져서 경험한 참을 수 없는 분노가 표출된 행동이었다.

그러나 어느 날 아침에 일어나자 그는 마음의 충동이 자신의 의지와는 관계없이 아름다운 대상을 향해 자연스럽게 움직이기 시작하는 순간을 체험했다. 그때까지 마음은 자신이 생각하는 대로 움직인다고 믿어왔던 그의 입장에서 볼 때 신선한 충격이었다.

동시에 그는 자신에게 배신당했다는 감각을 맛본다. 마음의 그 자연스러운 움직임을 그가 자신의 것이라고 인정한다면 이전까지의 고루한 자세를 수정해야 했기 때문이다. 그는 그 모순을 직감한 것이다.

자신의 마음이 아침의 아름다운 햇살 쪽으로 움직였다는 사실은 "이 세상에 즐거운 일은 아무것도 없다."라고 말한 그의 인생에 대한 '자세'에 모순되는 사건이다. 이 모순을 해결하려면 자신의 감성을 부정하거나 고루한 자세를 새로운 자세로 바꾸어야 한다.

그러나 그날 아침의 감성 체험은 간단히 부정할 수 없을 정도로 신선한 것이었다. 그는 자세를 바꾸기로 마음먹었다. 그것은 바로 "이 세상에는 즐거운 것도 있을 수 있어."라는 새로운 자세다.

즐거운 것도 있을 수 있다고 생각한다면 보행 훈련을 거부할 이유는 사라져버린다. 지금까지의 태도를 바꾸는 순간이 찾아온 것이다. 그는 현실을 받아들이고 사람들의 호의를 받아들이기로 했다. 그 뒤 그는 의족을 달고 목발 한 개만으로 자유로운 생활을 할 수 있게 되었다.

예상하지 못한 커다란 중상을 입고 절망의 나락에 떨어졌던 사람이 새롭게 밝은 모습으로 다시 태어나는 과정을 가리켜 전문가들은 '질병 수용'이라고 부른다.

질병 수용 상태에서 발생하는 공통적인 현상은 자세의 재구축이다. 이 자세는 인생관이나 세계관으로 부를 수도 있다. 불행한 사건을 재해석하고 자신의 인생으로 받아들일 수 있는 '자세'가 요구되기 때문이다.

고루한 자세는 풍요롭고 자유로운 마음의 움직임을 수용할 수 없기 때문에 새로운 것으로 치환해야 한다. 고루한 자세는 새로운 상황 아래에서도 마음의 자유로운 움직임을 억제하고 있기 때문이다.

고루한 자세에서 새로운 자세가 탄생할 때, 그 중개 역할을 하는 것은 늘 자유로운 마음의 작용이다. 유연하고 섬세하며, 전체적이고 또한 직감적인 기능을 가지고 있는 것이 자유로운 마음이다. 자유로운 마음의 작용은 성숙한 감성이라고 불린다. 그것은 고루한 언어나 논리에 영향을 받기 어려운 성질을 가지고 있으며, 인생의 새로운 장면이 탄생할 때에는 항상 주도적으로 중요한 역할을 완수한다.

사람의 마음은 늘 자유롭게 움직인다. 아름다운 꽃이 피어 있으면 자연스럽게 마음이 이끌리고 움직이는 것처럼 말이다.

감기를 완벽하게 치유하는 약은 없다

자연 치유력을 가진 면역 체계

우리의 신체 안에는 파괴된 부위를 스스로 회복하거나 병원체로부터 자신을 방어하는 면역 체계가 갖추어져 있다. 스스로의 건강을 유지하고 질병에 걸리지 않기 위해 신체를 지키는 능력을 갖추고 있는 것이다. 이 능력은 우리가 감기에 걸렸을 때 좀 더 분명하게 느껴진다. 마음에도 신체와 마찬가지로 자신을 회복하거나 자신의 건강을 유지하기 위한 면역 체계가 갖추어져 있을 것이다.

감기에 걸려 발열이나 기침, 콧물, 몸살에 시달리다 외래로 병원을 찾아오는 환자들에게 약을 처방할 때 의사는 자신이 처방한 약에 어떤 기대를 할까? 감기는 신체에 침입한 바이러스가 유발한다. 하지만 감기약을 처방한 의사는 자신이 처방한 약이 바이러스에 효과가 있는 약이 아니라는 사실을 충분히 알고 있다. 어떤 약도 감기 바이러스에 대해 직접적으로 효과를 발휘하지 않기 때문이다. 감기약은 열을 내리거나 콧물을 멈추게 하는 작용을 거쳐 2차 감염을 예방할 뿐이다. 그런데 약을 복용하면 얼마 지나지 않아 바이러스가 퇴치되고 감기는 낫는다.

이때 신체 내부에서는 어떤 일이 일어날까? 신체에서 실제로 감기 바이러스를 퇴치하고 회복하게 하는 것은 의사가 처방한 감기약이 아니라 우리가 천성적으로 갖추고 있는 신체의 방어 시스템, 즉 면역 체계다. 어떤 이유로 인해 이 방어 시스템이 일시적으로 제 역할을 하지 못해 우리 몸이 바이러스에 침범을 당할 때 감기에 걸린다. 그리고 혼란스러운 전선을 어떻게든 회복하기 위해 동원되는 발열, 콧물, 기침이라는 긴급 수단들이 감기로 인해 나타나는 증상들이다.

이럴 때 처방되는 감기약은 마치 아군의 전력을 재정비하기 위해 전선의 상공에서 투하하는 긴급 원조 물자와 같다. 이것이 바로 의사가 처방하는 약의 역할이며 긴급 원조를 통해 면역 체계가 다시 전선을 정비할 때까지 시간을 벌어준다. 그렇기 때문에 의사는 감기 환자에게 감기약을 처방했을 때 환자 자신에게 갖추어져 있는 방어 체계가 가급적 빨리 전선을 재정비하기를 기대한다.

감기뿐만 아니라 위궤양 수술을 할 때도 마찬가지다. 외과 의사들은 위장의 마지막 치료는 위 점막의 자기 재생 능력에 의해 이루어진다는 사실을 알고 있다. 수술은 나쁜 부위를 제거할 뿐이다. 이처럼 가벼운 질병에서 심각한 질병까지 의사가 할 수 있는 것은 신체가 갖추고 있는 치유력을 일시적으로 지원하는 일 정도다.

병에 걸리지 않도록 건강을 유지하다가 병에 걸리면 긴급 조치를 통해 병원균을 진압하는 것은 우리의 신체 조직이다. 침입한 세균이나 바이러스를 파괴하고 암세포를 말살하고 파괴된 조직을 회복하는 능력을 우리는 이미 내부에 갖추고 있다. 이것이 면역 체계를 축으로 삼는 불가사의한 자연의 능력, 내재되어 있는 치유력이다.

나는 신체에 내재되어 있는 치유력과 비슷한 것이 마음에도 존재한다고 생각한다. 마음에 내재되어 있는 치유력은 아직 아무런 변형도 없는, 순간적인 마음의 충동과 그것을 받아들이는 순수한 자신의 마음이다. 아침 햇살 속에서 B씨의 고루한 해석을 파괴해버린 심리 작용이야말로 바로 이런 치유력이 아니었을까?

마음에 내재되어 있는 치유력은 현실과의 조화를 잃고 현실을 해석할 능력을 잃은 고루한 해석을 몰아낸다. 이것은 마치 면역 체계가 침입한 세균이나 바이러스나 체내에 발생한 암세포를 파괴하는 작용과 같다.

세균, 바이러스, 암세포는 신체라는 정교한 시스템의 조화를 망치는 이물질이며, 항상 새로운 현실 속에서 살아가고자 하는 신체의 기능을 손상시키는 작용을 한다. 마음에 깃든 고루한 해석은 새로운 현실과 자신 사이에 모순이 없는 조화를 이루려고 할 때 이물질로 작용한다. 그것은 마음의 자유로운 기능을 손상시키고 새로운 발전을 저해한다.

마음속에 자신의 질서와 공존할 수 없는 것, 자신의 조화를 방해하는 것이 나타났을 때 순수한 마음은 위화감을 느끼기 시작한다. 처음에는 이물질이 마음의 작용을 덮어 가릴지도 모른다. 하지만 어느 틈엔가 마음속 깊은 곳에서 솟아난 충동이 그것을 파괴해버릴 수 있는 강력한 힘을 갖추고 표면에 나타난다. 마음을 덮어 가리고 있던 이물질은 신선한 충동 앞에 매력을 잃고 소멸된다. 이물질이 제거되어 가벼워진 마음은 활발한 움직임을 되찾는다. 이것이 마음에 내재되어 있는 치유력이다.

신체가 자신을 회복하는 체계를 갖추고 있듯 마음은 자신을 높이는 능력을 갖추고 있다. 마음에 내재되어 있는 치유력과 신체의 치유력인 면역 체계는 둘 다 우리가 발달시킨 정교한 체계다. 이 두 가지 체계는 천성적으로 우리에게 내재되어 있다.

마음과 신체가 끊을 수 없는 엄밀한 관계를 갖추고 있듯 마음과 신체 두 가지의 정교한 체계는 우리의 내부 어딘가에서 연결되어 있을 가능성이 있다. 암의 자연퇴축을 생각해보자. 이것은 정신신경면역학에서는 아직 가설에 불과하지만 마음이 현실을 수용하고 스스로 만족했을 때 신체의 면역 기능은 보다 효율적으로 발휘된다. 마치 사람의 신체와 마음에 갖추어져 있는 불가사의한 면역 체계들이 서로 보완관계에 있는 것과 같다.

최근의 연구에서는 뇌의 신경세포 사이에서 이루어지고 있는 정보 전달과 비슷한 현상이 면역을 담당하는 세포 사이에서도 이루어지고 있다는 사실이 알려졌다. 뇌 안에서 신경세포와 신경세포의 정보 전달을 담당하는 것은 신경 펩타이드(neuropeptide)라는 물질인데, 이 정보 전달 물질을 받아들이는 수신기는 몸속을 순환하고 있는 면역 체계를 담당하는 세포에도 존재한다. 정보를 서로 전달하는 것은 신경세포만이 아니다. 면역세포도 정보를 서로 전달한다. 신경세포와 면역세포가 서로 정보를 교환하고 있다는 사실은 마음과 신체 사이에 상관 관계가 있을 가능성을 더욱 높여준다고 말할 수 있다. 다음 장에서는 마음에 내재되어 있는 능력에 관하여 보다 상세하게 탐구해볼 것이다.

신체에 자기 치유력인 면역 체계가 존재하듯 마음에도 자기 발전 체계가 존재한다. 마음에 존재하는 자기 발전 체계는 고루한 해석을 파괴하고 고루한 해석 안에서 새로운 해석을 낳는 능력이다. 마음에는 이 메커니즘이 내재되어 있기 때문에 태어났을 때부터 성인이 되기까지 정신적인 발달을 이룰 수 있다. 그리고 성인이 되었을 때 이 메커니즘은 미분화된 낮은 형태에서 세련된 형태로 완성된다. 동시에 이 메커니즘을 자각적으로 조작할 수 있는 능력도 탄생한다.

고리타분한 생각에서 독립하기

성인의 마음을 성장시키는 세 가지 능력

사람의 마음에는 현재의 해석을 초월해 보다 깊은 해석을 만들어내는 능력이 이미 갖추어져 있다. 항상 고루한 자신을 초월해 자신을 바꾸어가는 능력을 가지고 있는 것이다.

마음은 변환이 자유롭고 막연한 존재이지만 편의상 그런 마음의 능력을 세 가지로 구분해 생각하기로 한다. 마음에 내재된 자신을 바꾸기 위한 첫 번째 능력은 자신에게서 벗어날 수 있는 능력이다. 두 번째는 절망할 수 있는 능력, 그리고 세 번째는 순수성을 느낄 수 있는 능력이다.

첫 번째인 '자신에게서 벗어날 수 있는 능력'이란 자신에게서 벗어나 자신을 객관적으로 볼 수 있는 능력이다. 예를 들어, 슬픈 사건 때문에 울고 있을 때 슬픔 속에만 매몰되어 있는 것이 아니라 슬퍼하고 있는 자신에게서 벗어나 그런 자신을 바라보는 것이다.

두 번째인 '절망할 수 있는 능력'이란 이대로 가면 안 된다는 사실을 인지하고, 사방팔방이 꽉 막힌 상태를 있는 그대로 받아들일 수 있는 능력이다. 아이에게는 이러한 능력이 없다. 마음의 강인함을 갖춘 성인에게만 있는 능력이다. 마음의 강인함 때문에 사태의 심각성을 정면으로 수용할 수 있는 것이다.

세 번째인 '순수성을 느끼는 능력'이란 믿음이나 과거의 상식에 얽매이지 않고 새로운 마음의 작용을 느낄 수 있는 능력이다. 예를 들어, 자신이 싫어하는 친구가 있다고 하자. 어느 순간 기대도 하지 않았던 그 친구가 친절하게 대해준다면 놀랍기도 하고 기쁘기도 할 것이다. 그러나 우리는 그 친구에 대해 기분 나쁜 사람이라는 고정관념을 가지고 있기 때문에 마음의 기쁨을 억제해버린다. 이때 만약 그 사람은 기분 나쁜 친구이지만 친절하게 행동할 때는 기분 좋은 친구라고 느낄 수 있다면 그것이 바로 순수성을 느끼는 마음의 능력이다.

이 세 가지 능력은 천성적으로 누구나 갖추고 있다. 그러나 그 능력들을 충분히 활용하려면 어느 정도 나이를 먹어야 한다. 이 능력들을 사용하기 위한 최소한의 기반은 빨라도 스물다섯 살, 대부분은 서른 살 정도는 되어야 갖추어진다. 슬픔 속에서 눈물을 흘리고 있는 자신을 되돌아볼 수 있는 자세는 자성(自省) 능력을 갖춘 성인만이 가능하기 때문이다.

서른 살이 넘어 이 능력들을 활용해 보다 깊은 해석을 만나려면 또 하나의 준비가 필요하다. 바로 인생의 경험이다. 자연스럽게 준비된 기반 위에 더욱 풍요로운 인생 경험이 축적되어야 비로소 사람은 이 능력들을 활용할 수 있다. 그때 대부분의 사람은 마흔 살에서 쉰 살 정도의 나이가 되어 있을 것이다.

좀 더 나이를 먹은 이후에 이 능력들을 활용하기 시작하는 사람도 있다. 젊은 시절에 이 능력을 발휘하는 사람은 드물다. 그러나 젊은 시절에 인생의 커다란 곤란에 직면한 경험이 있는 사람은 20대, 30대에 이 능력들을 발휘해 깊은 곳에 있는 자기 자신을 만나는 경우가 있다.

마음이 현재 자신이 가지고 있는 성인의 해석을 초월해 보다 깊은 해석에 다가가는 것은 자연스러운 일이다. 서른 살이 되었을 때에 마음은 그 도달점을 넘어 더욱 발달하려 한다. 그러나 이것은 서른 살이 넘는다고 해서 누구에게나 자동적으로 발생하는 발달 과정은 아니다. 능력 자체는 누구에게나 갖추어져 있지만, 우리가 서른 살까지 획득한 '성인의 해석'이 단단한 고정관념이 되어 마음의 발달을 방해할 수도 있기 때문이다.

이제 마음의 세 가지 능력에 관하여 좀 더 상세하게 생각해보자.

자신에게서 벗어날 수 있는 능력

사람의 마음은 불가사의한 능력을 가지고 있다. 깊은 슬픔이나 커다란 기쁨을 느낄 수 있을 뿐 아니라 그런 감정을 느끼고 있는 자신을 돌아볼 수 있는 능력이다. 사람은 슬픔이나 기쁨에 마음이 동요되어 있는 상황에서조차 슬퍼하는 자신이나 기뻐하는 자신을 바라볼 수 있다.

이런 마음의 능력을 '객관적으로 바라볼 수 있는 능력'이라고 한다. 이 능력은 대체로 우리가 태어난 이후 정신적인 발달에 의해 확대된다. 그리고 자신에게서 벗어날 수 있는 능력을 발달시키기 전에 우선 자신과 타인을 분명하게 구별할 수 있어야 한다. 즉, 자신과 타인을 분명하게 구별할 수 있어야 한다는 것이 '객관적으로 바라볼 수 있는 능력'을 발달시키기 위한 전제 조건이다.

인지심리학을 수립한 피아제의 인지 이론에 의하면 아이가 자신과 타인을 분명하게 구별하기 시작하는 것은 두 살에서 네 살 사이라고 한다. 자신과 타인을 구별하게 된 결과, 아이는 타인을 흉내 내거나 타인과 함께 노는 방법을 배운다. 이 시기는 언어를 획득해가는 시기와 일치한다.

다섯 살에서 일곱 살 사이가 되면 뇌 기능은 비약적으로 발달하고 분석적인 사고나 언어를 다루는 좌뇌가 분화해 언어에 바탕을 둔 사고가 우세해진다. 이즈음의 아이는 언어를 이용해 자신을 둘러싼 외부 세계를 상당히 정확하게 평가할 수 있다. 아이는 보통 활발하게 주변 세계를 탐구한다. 이때 그 마음은 외부로 향해 있으며 성인 못지않은 지식을 드러내는 아이도 나타난다.

그러나 이즈음의 아이는 자신의 내부 세계를 체계적으로 관찰할 수 없다. 아직은 관념적, 추상적인 말을 충분히 다룰 수 없기 때문이다. 그들은 구체적인 사물에 관한 지식에 집중한다. 자신의 내적 세계에 대한 관찰은 슬픔, 기쁨, 절망 등의 추상적인 언어를 다룰 수 있게 된 이후부터 이루어진다.

추상적인 말을 배우고 그 말을 마음대로 사용하게 되는 시기는 사춘기를 지나 성인이 된 이후다. 추상적인 말을 다룰 수 있어야 비로소 마음속에 떠오르는 감각이나 욕구, 판단, 감정 등을 표현할 수 있다. 언어로 마음을 표현할 수 있어야 비로소 우리는 자신의 마음을 객관적으로 바라볼 수 있다. 이때 객관적으로 바라볼 수 있는 능력이 깨어난다.

"나는 깊은 슬픔을 느낌과 동시에 나는 깊은 슬픔 그 자체다. 그러나 깊은 슬픔의 소용돌이 속에 있을 때 나는 슬픔을 자각할 수 없다. 내가 슬픔을 자각할 수 있는 것은 내가 슬픔의 외부에서 슬픔을 바라보고 있을 때다."

이처럼 사람은 슬픔의 내부와 외부로 관점을 옮길 수 있다. 슬픔의 한가운데에 존재할 때조차도 그 슬픔으로부터 일시적으로 벗어날 수 있다는 말이다. 이처럼 자기 자신에게서 벗어날 수 있는 능력은 정신적인 발달에 의해 성인이 체득한 마음의 한 기능이다.

절망할 수 있는 능력

마음은 자신의 주변에서 발생하는 다양한 사건들을 구별하고 분류할 수 있다. 자동차에 흥미가 없는 사람이 멍한 시선으로 자동차를 바라보고 있을 때에는 모두 같은 승용차로 보이지만 자동차를 좋아하는 소년은 순간적으로 헤드라이트를 보는 것만으로 차종을 구별할 수 있다. 이 소년의 인식 능력은 특히 자동차 분야에서 발달해 있는 것이다.

사물을 구별하고 분류하는 기능은 나이를 먹음에 따라 점차 정밀해진다. 나아가 어떤 일이 발생하거나 소멸되는 이치를 이해하거나 장래를 예측하는 능력으로 발달한다.

이런 마음의 능력을 '지성'이라고 부른다. 지성은 스무 살 정도까지 기본적인 발달을 끝내고 안정화된다. 마음은 지성의 인도를 받아 자신의 미래를 내다볼 수 있다. 예를 들면, "아, 이

대로 가면 나는 쓸모없는 사람이 될 거야."라고 미래를 예측할 수 있다. 설사 자신에게 불리한 결론이라고 해도 변명을 생각하지 않고 순수하게 인정할 수 있는 것, 그것이 절망할 수 있는 능력이다.

절망이란 날카로운 지성의 작용에 의해 이해하게 된 감정, 즉 사방팔방이 꽉 막힌 암담한 상황과 결론을 순수하게 피부로 느끼는 마음의 작용이다.

마흔 살을 넘어 쉰 살을 지날 때 우리의 지성은 풍부한 경험을 정리하고 분류해 자신의 미래를 전망한다. 이때 우리는 인생의 후반, 죽음으로 막을 내린다고 여겨지는 인생을 떠올린다. 그러나 서른 살까지 획득한 세상과 자신에 관한 '성인의 해석'으로는 그 죽음을 수용할 수 없다. 고루한 해석의 틀 안에서 죽음은 단순히 피해야 하는 대상으로만 이해되기 때문이다.

우리는 어려서부터 죽음을 피하기 위한 방법을 배웠다. 안전 교육, 교통 규칙, 건강 검진과 질병 예방…. 그러나 피해야 할 대상으로서 배운 죽음은 살면서 경험으로 쌓은 지성에 따르면 피할 수 없는 대상으로 바뀐다. 그 순간 고루한 해석은 효력을 상실한다. 고루한 해석은 절망할 뿐이다.

만약 마음이 '죽음은 피할 수 없는 것'이라는 지성의 판단을 무시하지 않고 이해하며 순수하게 수용한다면 그 마음은 '절 망할 수 있는 능력'을 갖추고 있다고 말할 수 있다. 죽음을 생 각했을 때의 절망은 모든 사람에게 공통된 것이기 때문에 모 든 사람은 절망할 기회를 가지고 있는 것이다.

인생의 다양한 상황에서 고루한 해석이 막다른 상황에 몰 렸을 때 절망은 찾아온다. 그러나 사람이 절망할 수 있게 되었 을 때 비로소 새로운 해석도 탄생한다.

순수성을 느낄 수 있는 능력

설사 자신이 접촉하기 싫은 고통스러운 화제라고 해도 피하기 보다는 정면으로 맞서는 쪽이 훨씬 더 마음의 안정을 유지하 는 경우가 있다.

타인의 입장에서 보면 그 문제를 피한다고 해서 그 사람에 게 불리할 것이 없어 보이는데도 본인은 자신의 마음속의 안 정을 위해 그 문제를 피하지 않고 받아들이는 쪽을 더 편하게 느끼는 것이다. 이것은 정합성을 추구하는 마음의 성질이다.

수학의 어려운 증명 문제에서 몇 가지 다른 해답 공식을 얻을 수 있다고 하자. 결론은 모두 같은 해답이지만 마음은 그중에서 가장 심플하고 이해하기 쉬운 해답 공식을 아름답다고 느낀다. 이것은 단순함과 질서를 추구하는 마음의 성질이다.

또 길가에 아름다운 꽃이 피어 있을 때 마음은 자연스럽게 그 꽃에 이끌린다. 이것은 아름다움을 추구하는 마음의 성질이다. 이런 마음의 움직임은 모두 세련된 감성의 작용에 의해 얻을 수 있는 것인데, 나는 이것을 '순수성을 느끼는 마음의 능력'이라고 표현하고 싶다.

마음은 순수성을 바라고 움직인다. 마음의 이런 순수성은 간단한 예시를 통해 체험할 수 있다. 당신이 내일 비즈니스를 위한 점심식사를 계획하고 있다고 하자. 두 가지 가능성이 있다. 즉, ○사의 X씨와 만나는 것과 △사의 Y씨와 만나는 경우다. ○사의 X씨와 식사를 하는 장면을 떠올렸을 때와 △사의 Y씨와 식사를 하는 장면을 떠올렸을 때, 당신의 마음은 어떻게 움직이는가? 분명히 차이가 있을 것이다. X씨가 일류 기업인 ○사의 유명세와 규모를 내세워 자신의 요구를 강요하는 사람이고 Y씨는 싹싹한 인품을 가진 데다 매우 이성적으로 교섭을 하는 사람이라고 가정해보자. 보통 이런 경우에는 X씨를 떠올렸을 때 마음이 무겁고 어두워지고 Y씨를 떠올렸을 때 상대적으로 마음이 가볍고 밝아진다.

마음의 이런 무거움과 가벼움, 또는 밝음과 어둠이라는 서로 대립하는 성질을 느낄 수 있는 것이 순수성이다. 예를 들어, 운 나쁘게도 내일의 점심식사는 X씨와 만나는 것이 업무상 최우선이라고 하자. 그때 우리는 만남의 결과에만 시선을 빼앗기게 되어 마음의 움직임을 억제해버리는 경우가 있다. X씨와의 만남을 생각했을 때에 느껴지는 무거운 부담감과 어두운 감정을 무시해버리는 것이다.

그러나 마음의 순수성을 가진 사람은 업무상의 결론과는 별도로 X씨를 만날 경우의 무거운 감정을 느낄 수 있다. 그는 '마음이 무겁다'고 느끼고 "일이니까 어쩔 수 없다."고 결론을 내린다. 이 아무렇지 않은 단순한 작업에 의해 마음의 순수성은 유지된다. 만약 이 과정이 이루어지지 않은 상태에서 처음부터 무조건 '일이 우선'이라고 생각해 마음이 느낀 무게를 무시해버린다면, 만약 매일 그런 일이 되풀이된다면 마음의 순수성을 느끼는 능력을 잃어버리게 된다.

X씨와의 점심식사를 우선해야 하는 업무상의 필연성과 마음의 움직임을 느끼는 순수성은 다른 문제다. 마음의 순수성을 유지하면서 일도 지속하는 능력, 이것이 성인의 능력이다.

마음의 무거움과 가벼움은 우리의 세련된 감성이다. 그것은 마음이 자연스럽게 향하는 방향을 나타낸다. 마음은 가벼운 쪽으로, 즐거운 쪽으로, 밝은 쪽으로 향한다. 이것은 자연의 흐름이며 마음의 순수성이다. 성인인 우리는 마음의 순수성만을 따라 행동할 수는 없지만 그것을 지속적으로 느낄 수는 있다.

사람은 마흔 살, 쉰 살, 예순 살이 되면, 자신에게서 벗어나고 절망하고 순수성을 느끼는 세 가지 기능을 마음껏 활용할 수 있게 된다. 남은 것은 계기다. 계기가 되는 곤란한 상황을 만날 수 있다면 새로운 해석을 만들어내고 변하기 시작한다. 이 곤란한 상황이란 대부분의 경우 누구나 갖추고 있는, 자신의 체력이나 시력의 쇠퇴를 깨닫거나 한계가 있는 인생을 생각할 때 발생하는 작은 심리적 동요다.

어른의 생각이 정답은 아니다

객관성에서 다시 주관성으로

해석을 바꾸는 심리의 메커니즘을 활용해 우리가 도출하고자 하는 새로운 해석이란 무엇일까? 성인의 해석을 초월하는 새로운 해석이란 도대체 무엇일까? 이 질문에 대해 나는 새로운 해석이란 우리가 잃어버린 주관성을 되찾을 수 있는 해석이라고 대답하고 싶다.

주관성이란 객관성에 대립되는 개념이다. 우리는 성인의 해석을 획득하는 과정에서 객관성은 주관성보다 가치가 높고 보다 보편적이라고 배웠다. 또 여러 가지 사건을 판단할 때는 객관적인 가치 판단을 할 수 있도록 훈련을 해왔다. 그리고 어느 정도 객관적인 견해를 갖추게 되었을 때 우리는 성인의 해석을 획득했다.

우리가 태어나서 성인의 해석을 획득하기까지 걸리는 30년 남짓한 시간 동안의 발달은 주관성에서 벗어나 객관성을 향해 달려가는 과정이었다.

갓 태어난 유아는 객관성을 모른다. 유아는 세상이 자신의 주관대로 움직인다고 믿는다. 그들은 배가 고프면 큰 소리로 울음을 터뜨려 세상을 움직인다.

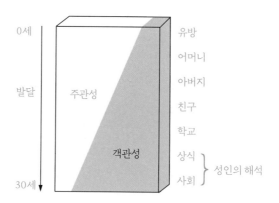

성인의 해석과 객관적 세상의 확대

울음을 터뜨리면 어느 틈에 눈앞에 엄마의 따뜻한 젖이 나타난다. 변을 보고 기분이 나쁘면 다시 큰 소리로 울음을 터뜨려 세상을 움직인다. 얼마 지나지 않아 이번에는 깨끗한 기저귀가 나타난다. 세상은 자신을 중심으로 움직이며 이때 갓난아기는 완전히 주관적인 존재다.

하지만 갓난아기는 성장하면서 객관성을 배운다. 배가 고프다고 아무리 큰 소리로 울음을 터뜨려도 엄마가 없으면 젖을 먹을 수 없다는 사실을 이해하게 된다. 이것이 객관성에 관한 첫 학습인지도 모른다. 경우에 따라서 엄마가 옆에 없을 수 있다는 것은 엄마가 자신의 주관과는 다른 객관적인 존재이기 때문이다.

객관성을 획득하는 것은 아이의 눈에 보이는 세상이 확대되어가는 과정이기도 하다. 자신이 세상의 중심이라고 생각하는 유아의 눈앞에 엄마가 등장하고 가족과 친구들에 이어 사회가 등장하면서 세상은 한층 더 넓어진다. 그리고 점점 나이를 먹어 사회의 구성원이 되어가면서 자신을 객관적으로 바라보게 된다. 객관적 세상을 토대로 한 성인의 세상이 완성되는 것이다.

그러나 성인의 해석을 완성한 이후, 새롭게 출발하려는 우리는 객관성의 토대 위에서 다시 주관성을 되찾아야 한다. 나를 둘러싼 사회나 세상이 보편적이고 영속적이며 객관적인 존재인지도 모른다. 하지만 자신의 인생은 죽음에 의해 한계가 정해져 있으며 나의 인생은 한 번뿐이며, 보편적이지도 영속적이지도 객관적이지도 않은, 완벽하게 주관적인 것이기 때문이다.

물론 유아처럼 세상을 마음대로 움직일 수 있는 주관성을 되찾을 수는 없다. 객관적 세상은 부정할 수 없는 분명한 현실이기 때문이다. 그러므로 성인의 해석이 획득한 객관성은 그대로 수용한 상태에서 그것을 전체적으로 감싸는 듯한

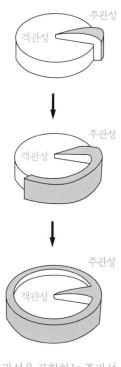

객관성을 포함하는 주관성

광범위한 주관성을 되찾아야 한다. 그것이 진정한 성인의 발달이며 바탕이 튼튼한 새로운 해석이다.

새로운 주관성을 획득했을 때 우리는 갓난아기가 그러했듯 아무런 의심 없이 자신감과 확신을 가지고 자신의 인생을 주장할 수 있다.

나는 나의 마음을 얼마나 알고 있는가

다음 장에서는 마음의 세 가지 능력을 활용해 자신의 고민을 해결한 여성인 C씨의 이야기를 소개할 것이다. 그녀의 경험은 마음이 자신을 바꾸어가는 메커니즘을 잘 나타내고 있다.

그녀는 자신의 주관성을 만날 때까지 세 가지 능력을 활용하면서 긴 여행을 지속했다. 그리고 그녀가 마지막으로 도달한 장소는 마음의 가장 깊은 곳에 존재하는, 주관성이 생생하게 살아 있는 장소다. 그곳은 마음의 모든 기능을 바라보고 있으며, 마음의 가장 안쪽 깊은 곳에 존재하며, 우리의 자아 전체를 지탱하고 있는 장소다. 그녀의 이야기를 구체적으로 시작하

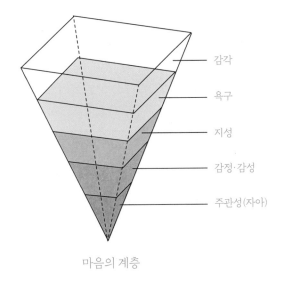

마음의 계층

기 전에 마음의 구조를 보여주는 간단한 그림을 살펴보자.

우리의 마음은 표면의 얕은 장소에서부터 핵심에 가까운 훨씬 깊은 장소에 이르기까지 몇 개의 층으로 중첩된 구조를 가지고 있다. 그 층은 크게 다섯 가지로 구분된다.

표면에서부터 1층은 감각의 층, 2층은 욕구의 층, 3층은 지성의 층, 4층은 감정·감성의 층, 마지막 5층은 주관성의 층이다.

이 다섯 개의 층은 계층(hierarchy)을 형성한다. 계층이란 우선 얕은 층이 깊은 층의 토대가 되어 있다는 것을 의미한다. 얕은 층이 없으면 깊은 층은 발휘될 수 없다. 다음으로 깊은 층은 얕은 층을 자신의 내부로 거두어들이고 있으며 자신보다 얕은 층을 자유롭게 조종할 수 있다는 것을 의미한다.

마음의 가장 얕은 장소, 외부 세계에 가장 가까운 부분에는 '감각'의 층이 있다. 여기에서는 우리의 풍부한 감각이 작용하며 그 감각과 연동하는 신체의 움직임이 활발하게 이루어진다.

이 층의 존재를 우리는 간단히 확인할 수 있다. 어느 날 오후 독서를 하는 도중에 갑자기 귤을 먹고 싶다고 생각하며 테이블 위에 있는 귤 쪽으로 눈길을 옮겼다고 하자. 선명한 오렌지 색채가 눈에 들어온다. 귤을 향해 자신의 팔을 뻗고 익숙한 자신의 손가락으로 그것을 잡는다. 이 일련의 동작이 이루어지는 과정에서 마음은 어떻게 움직일까?

첫째로, 마음이 감각의 층 안에 완전히 빠져드는 경우가 있다. 반짝이며 빛나는 오렌지의 선명한 색채에 이끌려 자기 자신을 잊어버리고 순간적으로 그 색채 안으로 몰입해버리는 경우다. 이때 우리의 마음은 오렌지로 가득 차게 되며 대상의 밝고 행동적이고 활발한 기운으로 가득 찬다.

둘째로, 일련의 동작 사이에서 마음은 감각의 층에 완전히 빠져드는 것이 아니라 그 동작을 외부에서 바라볼 수 있다. 귤의 영상이나 자신의 팔과 손가락의 움직임을 다른 사람의 동작처럼 완전히 객관적으로 관찰하는 경우다. 이럴 때 마음은 감각의 층을 벗어난 장소에서 관찰자가 된다.

감각의 층은 마음의 여러 계층 중 가장 고루한 층이다. 어린 시절에 친숙해진 층이기도 하다. 어머니의 유방의 감촉 안에서만 살았던 갓난아기 시절, 우리는 바로 이 감각의 층에서만 살고 있었다. 우리가 성인이 되었을 때는 이 층에 빠져들 능력을 잃어버렸다. 한정된 예술가들만이 이 능력을 유지한다. 하지만 이 층의 존재는 누구나 인정할 것이다.

감각의 층 아래에는 욕구의 층이 있고 다시 그 아래에는 지성의 층이 있다. 우리가 '귤을 먹고 싶다'고 생각해 손을 뻗을 때에 욕구와 지성의 층을 깨달을 수 있다.

귤에 대한 욕구가 생겼을 때 내가 어떤 추리 소설에 빠져 있었다고 하자. 나는 다양한 상황을 음미하면서 진범을 추측하고 있다. 그 순간 나의 마음은 지성의 층에 몰입해 추리에 빠져 있다. 문득 귤을 먹고 싶다는 생각에 그것을 집어 입으로 가져가기는 하지만 제대로 맛을 음미하고 있는 것은 아니다. 애당초 귤을 먹고 싶다는 생각이 든 것조차 건성이었다. 이것은 마음이 지성의 층에 존재하면서 그 흥미가 외부의 소설로 향해 있어서 소설의 내용은 잘 이해하고 있지만 자신의 욕구에 대해서는 관심을 보이지 않기 때문이다.

그러나 만약 내가 추리 소설에서 눈을 떼고 '벌써 저녁이 되었네. 좀 피곤한데.'라고 생각하면서 나의 신체에 주의를 기울인다면 귤을 먹고 싶다는 욕구가 생겨나는 순간을 객관적으로 차분히 바라볼 수 있다. 이때 마음은 여전히 지성의 층에 존재하지만 흥미의 대상은 추리 소설에서 벗어나 마음속에서 끓어오르는 욕구로 향한 것이다. 즉, 신체 내부의 건조함과 피로를 느끼고 빠져나오고 싶다는 생각에 달콤하고 싱싱한 귤을 향해 몸이 움직이기 시작한 순간이다.

지성은 피로, 건조함, 달콤함, 싱싱함이라는 말을 떠올리고 그 움직임을 객관적으로 분석한다. 이때 지성의 층에 존재하는 마음은 욕구의 층을 관찰의 대상으로 선택하고 있는 것이다. 마음이 자신 이외의 부분을 관찰의 대상으로 선택했을 때, 마음은 그 부분을 객관적으로 바라볼 수 있다. 이것이 바로 객관적으로 바라볼 수 있는 마음의 능력이다.

다음으로 귤의 예에서 객관적으로 바라보는 능력이 발생하지 않는 경우를 생각해보자. 예를 들어, 마음속에서 귤에 대한 욕구가 너무 강렬하면 마음은 지성의 층에 머무르면서 자신의 욕구를 관찰할 수 있는 여유를 잃어버린다. 따라서 지성의 층에서 벗어나 욕구 안에 매몰되어 정신없이 귤을 탐낼 것이다. 식욕 그 자체가 되어버리는 것이다. 그리고 귤을 몇 개 먹은 뒤에 문득 자신으로 돌아온다. 어느 틈엔가 귤을 세 개나 먹어버렸다.

대체 나는 무엇을 하고 있었던 것일까? 바로 욕구의 층에 들어가 있었기 때문이다. 마음은 감각의 층에 들어가거나 감각의 층을 외부에서 바라볼 수 있었듯 욕구의 층에 들어가거나 그것을 외부에서 바라보기도 한다.

성인인 우리는 평소에는 지성의 층에 머무르는 경우가 많다. 거기에서 감각이나 욕구를 바라본다. 만약 자각을 해서 마음속의 다른 층을 바라보고 분석하거나 느낀다면 그것은 앞에서 설명한 객관적으로 바라볼 수 있는 마음의 능력이 작용하고 있는 것이다.

깊은 층에 존재하는 마음은 자신이 위치해 있는 층보다 얕은 수준의 층을 별다른 노력 없이 객관적으로 바라볼 수 있다. 그러나 자신이 존재하는 층보다 깊은 층을 바라보는 것은 불가능한 것은 아니지만 어렵다. 우리 성인은 지성의 층에 존재하는 데에는 익숙하기 때문에 그것보다 얕은 욕구나 감각의 층을 비교적 쉽게 객관적으로 바라볼 수 있다. 그러나 지성의 층보다 깊은 층에 위치해 있는 감정·감성의 층을 객관적으로 바라보는 데에는 그다지 익숙하지 않다.

다음으로 지성과 감정·감성의 관계를 생각해보자. 성인은 지성과 감정·감성의 층 근처까지를 자신의 영역으로 삼고 있기 때문에 그 경계를 이해한다는 것은 매우 중요한 의미가 있다.

감성이란 세련된 감정이다. 흔히 머리로는 이해하지만 마음이 따르지 않는 경우가 있다. 이것은 마음의 지성 수준에서는 이해하고 있지만 감정의 수준에서 수용하지 못하고 있다는 뜻이다.

감정은 지성보다 깊은 수준에 위치해 있기 때문에 당연히 지성보다 힘이 강하다. 그렇기 때문에 지성의 판단만으로 행동을 하려 해도 감정이 따라주지 않으면 어색한 행동이 되어

버린다. 또 머리만으로 이해하고 있을 때 우리는 그 이해에 무엇인가 결함이 있다는 사실을 경험적으로 알고 있다.

깊은 수준의 감정은 지성의 판단보다 강한 결정권을 가지고 있다. 감정은 한정된 지성의 활동 범위를 초월해 이것을 수정해가는 힘을 가지고 있는 것이다.

성인은 제1의 감각의 층에서 제4의 감정·감성의 층까지 체득하는 데 30년 정도의 시간을 들인다. 마지막으로 완성된 감정·감성의 층과 지성의 층의 차이를 자각하려면 약간의 내성(內省)이 필요하겠지만 주의를 안쪽으로 향하면 네 개의 층이 보인다.

감정·감성의 층보다 더욱 깊은 장소에 주관성의 층이 있다. 주관성이 존재하는 장소에서는 감각, 욕구, 지성, 감정 등 마음의 네 가지 수준을 모두 바라볼 수 있다. 이 주관성의 층을 분명하게 느끼게 되었을 때 우리는 성인의 해석을 초월한 해석을 얻는다.

마음의 표면인 얕은 층에 존재하는 자신을 파고들어 더 깊은 층에 존재하는 자신을 확인해야 한다. 구체적으로는 지성의 층을 깊이 분석해 감성의 층을 지나 마지막으로 마음의 가장 깊은 층에 존재하며 항상 변하지 않는 자기 자신인 주관성의 층에 이르기까지다.

누구도 생각지 못한 해석을 발견하는 법

진짜 나의 마음 상태를 확인하기

지금부터는 앞서 소개한 여성 C씨의 심리 변화를 추적해보기로 한다. 그녀는 마음을 성장시키는 세 가지 능력을 활용해 자신의 마음속 고민을 해결한 사람이다.

1. 자신에게서 벗어날 수 있는 능력
2. 절망할 수 있는 능력
3. 순수성을 느낄 수 있는 능력

그녀의 해결 방법은 마음의 표면인 얕은 층에 존재하는 자신을 파고들어 더 깊은 층에 존재하는 자신을 확인해가는 것이었다. 구체적으로는 지성의 층을 깊이 분석해 감성의 층을 지나 마지막으로 마음의 가장 깊은 층에 존재하며 항상 변하지 않는 자기 자신인 '주관성'의 층에 이르기까지다.

성인이 정신적인 발달을 이루고 그때까지 익숙해 있던 지성의 층을 초월해 주관성의 층에 이를 때에는 감정·감성이 중요한 역할을 한다. 앞서 설명했듯 세련된 감정은 지성을 수정해가는 능력을 가지고 있기 때문이다. 이런 의미에서 나는 C씨의 감정의 움직임을 추적했고, 보다 세련된 감정을 탐구해보았다.

C씨는 마음을 성장시키는 세 가지 능력을 활용해 지성의 층을 넘어 감정·감성의 층을 통과해서 주관성의 층에 도달했다. 그리고 자신감과 확신을 되찾았을 때 그녀는 마음의 고민에서 해방되어 자유로워졌다.

C씨는 내가 만난 환자 중 한 명이다. 이번 장에서 그녀가 자신의 심리 변화를 독백하는 문장의 일부는 변화의 핵심을 보다 부각시키기 위해 내가 수정한 것이며, 정확하게는 그녀의

말이 아니라 변화를 지켜보았던 나의 해석이고 추측이다.

다시 반복하지만 C씨는 마음 깊은 곳에 위치한 주관성의 층에 도달하기까지 마음의 세 가지 능력을 활용해 자신의 고민을 해결해갔다.

그 과정에서 그녀는 마음속에서 들려오는 세 가지 말을 만났다.

"나는 화가 나 있다."

"나는 외롭다."

"나는 운이 없다."

각각의 말은 그녀가 마음을 심화시켜가는 하나하나의 단계를 표현한다. 그녀가 자신의 분노를 깨닫기 위해서는 자신에게서 벗어날 수 있는 마음의 능력이 필요했다. 분노를 깨닫고 분노에서 벗어나는 과정을 통해 그녀의 마음은 안정되었다. 그리고 20년이 넘는 세월 동안 이어진 어머니에 대한 분노에서 비로소 벗어날 수 있었다. 10년이나 이어진 어머니에 대한 폭력도 멈추었다.

이후, 안정된 마음으로 분노의 깊은 곳에 존재하는 '외로움'을 느끼기 시작했을 때 그녀는 절망을 준비했다. 어머니에게 배신당해 어머니에게 분노하고 그 결과 자신조차도 혐오하게 되어버린 인생을 되돌아보자 깊은 절망을 맛볼 수 있었던 것이다.

마지막으로, 절망 속에 빠져 있던 그녀는 절망에 한껏 빠져 있을 때 신기하게도 마음이 편해지는 감각을 느끼기 시작했다. 마음의 순수성이 움직이기 시작한 것이다.

그리고 문득 "나는 운이 없었어."라고 느꼈을 때, 순수한 마음은 절망을 초월해 주관성의 층으로 이르는 길을 걷기 시작하고 있었다.

검증 1: 자신에게서 벗어나 바라보기

어머니의 아픔을 모른 척한 딸

C씨는 현재 스물아홉 살이고 대기업 전기회사 디자인 부서에서 근무하고 있다. 그녀는 회사에서 일할 때 기복이 매우 심한 편이었다. 자신의 업무에 열정적으로 집중해서 멋지게 일을 소화해내는가 하면 한동안 침울한 상태에 빠져 일이 손에 잡히지 않는 경우도 많았다. 그럴 때에는 일주일에 이삼 일 정도 회사를 쉬었다.

그녀에게는 고등학생 때부터 대학에 입학할 때까지 거식증과 가정 폭력을 휘둘렀던 경험이 있었다. 최근에도 회사를 쉬는 날에는 가끔씩 어머니를 향한 폭력이 되풀이되었다. 특이하게도 그런 날은 아침부터 저녁까지 어머니를 자신의 옆에서 떼어놓으려 하지 않았다. 아버지와 함께 커다란 슈퍼마켓을 운영하는 어머니는 하루 종일 가게에 나가지도 못할 뿐 아니라 한밤중에 딸이 잠들 때까지 눈치를 보며 지내야 했다. 어머니가 무리해서 집을 나가려 하면 C씨는 여지없이 폭력을 휘둘렀다. 어머니는 그녀를 극도로 두려워하고 있었다.

그런 C씨는 어머니의 입원을 계기로 자신의 속마음을 들여다보게 되었다. 어느 날 갑자기 어머니는 위궤양과 심장 정밀 검사를 위해 입원했다. 질병의 원인은 거듭된 심리적 피로와 불면증이었다. 회사에서 돌아와 어머니가 입원했다는 이야기를 들었을 때 그녀는 아무런 감정도 느끼지 못했다.

"입원하든 말든 알 게 뭐야."

이것이 C씨의 첫 반응이었다. 실제로 그녀는 일주일 동안 문병도 가지 않았고 퇴근한 후에는 친구들과 어울려 놀러 다녔다. 그녀는 어머니의 입원을 '모른 척'했는데 그때 왜 자신이 그런 행동을 하는 것인지 자각하지 못하고 있었다.

'모른 척'은 마음의 첫 반응이었고 그녀의 마음에서 가장 표면에 위치한 '감정'이었다. 이 감정을 발견하면서 그녀의 마음은 움직이기 시작했다.

마음속에서 폭발하는 분노와의 싸움

어머니의 갑작스런 입원 이후 그녀는 어머니와 관련된 화제를 피했다. 당시의 상황을 그녀는 이렇게 말했다.

저는 거의 일주일 동안 모른 척했어요. 어떤 이유에서건 어머니가 제 앞에서 사라진 것은 태어나서 처음이었어요. 저는 어머니가 저의 거친 언행을 견딜 수 없어 도망친 것이라고 생각했어요. 당시의 저는 그런 원인을 생각하는 것보다 예상도 하지 못한 어머니의 입원 때문에 심각하게 동요하고 있는 저 자신을 감추는 데 필사적이었지요.

필사적으로 노력했음에도 불구하고 '모른 척'하는 저의 태도는 그다지 오래가지 못했어요. 일주일이 지났을 때 저는 마음속에서 '분노'가 끓어오르는 감각을 느꼈어요. "무책임하게 나를 버리고 입원한 엄마를 용서할 수 없어."라고 생각했지요.

저는 아버지에게 어머니가 입원한 병원이 어디냐고 물었어요. 하지만 아버지는 병원 이름을 가르쳐주지 않았어요. 제가 병실에 나타나면 어머니의 병이 악화될 것이라고 생각했기 때문이겠지요. 저의 마음속 '분노'는 더욱 강해졌고 회사에서 어머니를 생각하면 일이 손에 잡히지 않을 정도였어요.

친구들은 모두 결혼을 했는데 저만 혼자 결혼을 하지 않은 상태였어요. 저는 인간관계가 서툴렀거든요. 다른 사람들이 다정하게 대해줄 때는 괜찮지만 조금만 감정이 상해도 견디지 못했기 때문에 함께 어울리기 힘들었어요. 그런 성격을 스스로도 혐오하고 있었지요. 제 성격이 나쁜 것은 어머니가 잘못 키웠기 때문이라고 생각했어요.

어머니는 본인이 시작한 사업에 온 정신을 집중했고 어린 저는 늘 외롭게 자랐어요. 어머니의 입장에서 저를 키우는 것은 슈퍼마켓과 마찬가지로 처리해야 하는 일의 일부에 지나지 않았던 거예요. 어머니는 흐트러진 장난감을 정리하듯 저를 어머니의 마음속에 존재하는 찬장 안에 집어넣고 깨끗이 잊어버렸어요. 제가 이런 사람이 된 것은 모두 어머니 탓이에요.

처음에 저는 이 분노를 어떻게든 어머니에게 풀어야겠다고 생각했어요. 그런데 어머니가 입원을 하면서 제 눈앞에서 사라져버린 거예요. 어머니에게 분노를 풀 수 없다는 사실을 알게 된 저는 이번에는 이 분노를 잊어버리려고 노력했어요. 분노가 저의 생활을 제한했고, 제 마음의 평안을 흐트러뜨렸기 때문이에요. 어떻게든 이것을 잊어버리려고 다시 '모른 척'하려고 했어요.

하지만 분노는 그런 행동을 허락하지 않았어요. 결국 저의 마음은 분노에서 도망칠 수도 분노를 발산할 수도 없게 되었지요. 저의 몸이 분노로 가득 차 있다는 것을 느낄 수 있었어요. 그때 태어나서 처음으로 "나는 분노하고 있다."라고 느끼는 저 자신의 분노를 자각할 수 있었지요. 그리고 그 분노는 의심할 나위 없이 저 자신에 대한 분노라는 사실을 깨달았어요.

그 순간 묘한 발견을 했어요. 마음이 '분노'를 자각하고 있는 상태는 '모른 척'하고 분노를 부정하거나 어머니에게 분노를 풀어버리려 했던 이전의 저의 상태보다 훨씬 안정되어 있었어요.

분노를 느끼고 있는 감정의 무게가 묵직하게 자리를 잡고 앉아 있는 듯한 그런 안정감이었지요. 저는 더 이상 분노와 싸울 필요가 없었어요. 마음의 안정은 싸움에서 해방된 안도감에서 탄생하는 것인지도 모르지요. 저는 단순히 분노에 몸을 맡기고 그것을 느끼면 되었어요. 그러자 마음속에서 초조함과 긴장이 사라졌어요. 싸움을 포기하는 듯한 감각 속에서 한껏 분노하고 있는 저 자신을 수용하고 있었던 거예요.

그녀는 분노를 수용함과 동시에 분노로부터 벗어나 그것을 객관적으로 바라보기 시작한 것이다. 이것은 마음의 자연스러운 메커니즘이다.

나는 누구에게 분노하고 있는가

그녀는 분노와의 싸움과 그것을 수용하는 상반된 마음의 수준을 동시에 체험하면서 어느 쪽이 보다 편안한지를 느낄 수 있었다. 더 깊은 마음의 수준, 주관성의 층에 가까운 수준을 경험할 때 우리는 보다 편안함을 느낀다.

169

그녀가 분노를 수용하고 분노로부터 벗어났을 때, 마음은 보다 깊은 수준으로 진화했다. 얕은 장소에서 깊은 장소로 마음이 움직였을 때, 그때까지 그녀가 고민하던 얕은 수준에서의 마음의 작용은 객관화되었다. 왜 자신이 어머니의 입원을 무시하려 했던 것인지, 왜 자신이 분노로부터 도망치려 했던 것인지 객관적으로 설명할 수 있게 된 것이다. 그때 마음이 안정되었다.

"나는 어머니를 원망하고 있다. 그러나 나는 어머니 없이는 살 수 없다. 그런 나를 버린 어머니를 용서할 수 없다."

이런 식으로 자신을 바라볼 수 있었다. 이것은 자기 자신에 대한 새로운 해석이었다. 이 해석은 사실 어머니의 행동에 따라 휘둘리고 있는 비참한 자신을 인정하는 것이기도 했다. 비참함을 인정할 수 있었던 이유는 분노로부터 벗어날 수 있었기 때문이다. 분노를 벗어난 장소에는 비참함에 억눌리지 않는 확고한 자신이 새롭게 태어나고 있었다. 그렇다면 그 이전에는 왜 분노를 깨닫지 못했던 것일까?

"어머니가 필요하다. 나의 필요를 충족시켜주지 않는 어머니에게 분노를 느낀다."

이런 생각이 깔려 있는 관계 속에서 분노는 늘 어머니를 향해 있었다. 그녀의 마음속에서 굴절된 감정은 고등학생 시절에 심각한 폭력이 되어 나타났다. 하지만 그녀는 일방적으로 어머니에게 분노를 배출했을 뿐, 스스로 그 분노를 자각할 수는 없었다. 그녀는 자신이 어떤 점 때문에 불만을 느끼는 것인지조차 올바르게 이해하지 못하는 상태에서 어머니의 말투나 일거수일투족에 화를 내고 어머니를 괴롭힌 것이다.

성인이 되어 회사에 다니면서 폭력은 누그러진 것처럼 보였지만 계기가 있으면 어김없이 폭발했다. 그때도 그녀는 자신의 분노를 자각하지 못했다. 하지만 분노를 발산할 대상인 어머니가 눈앞에서 사라졌을 때 그녀는 혼자가 되어 자신의 내부에 존재하는 분노의 실체를 느낄 수 있었다.

그때까지도 그녀는 자신의 분노와 함께 있었지만 분노를 직접 느낀 적은 없었다. 분노는 항상 외부로 향해 있었기 때문이다. 분노가 외부로 향해 있을 때 그녀는 분노 그 자체였고 그것을 자각할 기회는 찾아오지 않았다.

그러나 자신이 분노와 직접 맞서야 하는 상황이 되었을 때, 그리고 분노와 맞섰을 때, 그녀는 자신의 내부에 존재하는 분노의 실체를 느끼고 그것을 맛볼 수 있었다. 그 순간 자신에게서 벗어날 수 있는 마음의 능력이 자동으로 작용했다. 분노를 느끼게 되면 그것을 느끼고 있는 자신은 더 이상 분노 그 자체가 아니기 때문이다.

이런 마음의 움직임을 우리는 일상생활에서 늘 체험하고 있다. 바로 자신의 실패와 결점을 인정할 때의 마음의 움직임이다. 결점이나 실패를 인정하면 자신을 객관적으로 바라보고 일단 자신에게서 벗어나 자신의 모습과 상황을 깊이 들여다보게 된다.

사람은 누구나 자신의 실패나 약점을 인정하지 않으려 한다. 실패나 결점은 자신의 일부이며 그것을 인정한다는 것은 자신을 부정하거나 비난하는 것이기 때문이다. 스스로 자신을 책망하는 것은 가장 고통스러운 행위 중 하나다. 그렇기 때문에 우리는 자신의 결점이나 실패를 인정하려 하지 않는다. 이것은 잘못된 것이 아니다. 하지만 만약 자신의 결점이나 실패를 인정할 수 있다면 자신의 그릇을 보다 크게 만들 수 있다는 것 또한 사실이다.

자신을 책망하지 않으면서 자신의 결점이나 실패를 인정할 수 있으려면 결점을 가진 자신으로부터 벗어난 자신, 결점을 비난받더라도 그 피해가 미치지 않는 확고한 자신을 따로 소유해야 한다. 그런 자신이 따로 존재한다면 결점이나 실패를 인정하는 행동이 자신을 부정하는 것과 직결되지 않는다. 깊이 반성은 하지만 진정한 자신은 전혀 기가 죽지 않는 식이다. 반대로 결점이나 실패를 인정할 수 있게 되면 기죽지 않는 자신이 깨어나 한 단계 더 성장하게 된다.

객관적으로 바라볼 수 있는 능력이 갖추어져야 자신의 결점을 인정할 수 있다. 결점을 가진 자신으로부터 벗어난 장소에 새로운 자신이 존재하기 때문이다.

마음은 결점과 실패가 존재하는 자신에게서 벗어나 보다 확고한 자신으로 관점을 옮겨갈 수 있는 능력을 가지고 있다. C씨가 분노를 수용하기까지의 과정은 관점의 이런 심화 과정을 잘 보여주고 있다.

검증 2: 절망에서 희망을 발견하기

분노는 왜 발생하는가

절망은 지성의 작용에 의해 이끌려나온다. 마음이 지성의 수준에서 활동하기 시작할 때, 사물을 구별하고 분류하고 이해하고 결단한다. C씨의 지성은 자신의 분노를 인정하면서 왜 어머니에 대해 이렇게 깊은 분노가 발생한 것인지를 생각하고 있었다.

그녀의 어머니 D씨는 8남매 중 장녀였다. 어린 시절부터 어머니 대신 동생들을 보살피며 자랐다. 어머니는 가사를 도와주는 D씨를 칭찬해주었지만 D씨의 본심은 이해해주지 못하는 사람이었다. D씨는 친구들과 어울려 놀고 싶었고 어머니에게 응석도 부리고 싶었다. 하지만 어린 시절의 D씨는 그런 마음을 억제하고 어머니를 돕는 '착한 아이'여야 했다. 무엇보다 어머니의 마음에 들고 싶었기 때문이다.

어린 D씨의 입장에서 볼 때 어머니 이외에는 의지할 수 있는 사람이 없었기 때문에 외로웠다. 그래서 어머니의 마음에 들기 위해 더욱 자신의 마음을 억제하면서 어머니가 원하는 대로 행동했다.

그렇게 시간이 흘러 성인이 되었을 무렵, D씨는 어느 틈엔가 자신의 마음을 억제하고 다른 사람을 위해 행동하는 것을 당연하게 생각했다. 그리고 성인이 되었을 때에는 다른 사람을 위해 일을 하거나 눈앞의 문제를 즉각적으로 처리하는 것을 기쁨으로 느꼈다.

결혼을 하자 D씨는 좋은 의미에서 이상적인 내조를 하는 아내였다. 그녀의 그런 성격은 슈퍼마켓 운영에서도 수완을 발휘했다. 하지만 D씨는 다른 사람에게 응석 부리는 법을 모른 채 성인이 되어 있었다. 응석을 모르는 그녀는 다른 사람들과의 깊은 마음의 교류를 두려워하는 부분도 있었기 때문에 다른 사람들의 마음에 들거나, 반대로 다른 사람을 마음대로 움직였을 때에만 기쁨을 느끼는 성인으로 자란 것이다.

결혼을 해서 C씨가 태어났을 때 어머니인 D씨는 남편과 둘이 시작한 슈퍼마켓 사업에 신경을 쓰느라 매우 바빴다. 자신의 생각대로 물건이나 사람을 움직인다는 즐거움과 사회적으로도 인정받는 사업에서의 성공은 D씨에게 삶의 보람을 느끼게 해주었다. 사실 어머니에게 인정을 받고 싶어 했던 어린 시절 D씨의 외로움으로 인해 삶의 보람을 느끼게 되었지만 그녀의 눈에는 그것이 전혀 보이지 않았다.

다른 사람에게 응석을 부려 만족을 얻어본 경험이 좀처럼 없는 D씨는 딸인 C씨의 응석이나 외로움을 이해할 수 없었다. 자식을 물질적으로는 아무런 불편 없이 키웠다고 만족하고 있던 D씨는 그것이 자신의 만족일 뿐 C씨를 만족시키지 못한다는 사실을 전혀 이해하지 못했던 것이다.

그런 상황 속에서 자란 C씨 역시 자신의 외로움을 치유하기 위해 어머니의 환심을 사려고 노력했고, 어머니의 마음에 들기 위해 살았다. 물론 D씨는 그런 딸을 칭찬하면서 자신의 뜻대로 통제했다. 어머니와 딸의 비슷한 관계가 되풀이되었던 것이다. C씨 역시 응석을 부리는 것을 모른다. 그렇기 때문에 자신을 만족시키는 방법을 모르는 성인으로 자랐다.

"저는 다른 사람의 마음에 들기 위해 저의 욕구를 억제하고 상대방을 만족시키는 방법을 배웠어요. 상대는 어머니였지요. 어느 틈엔가 제게는 자신을 억제하는 것이 미덕이 되어버렸어요. 자신의 욕구를 앞세워 솔직하게 행동한다는 것은 제 입장에서는 공포였어요. 저 자신의 욕구를 그대로 드러내면 어머니가 싫어하니까요. 이 공포가 거식증의 원인으로 작용했다는 생각도 들어요. 다른 사람으로부터 비난을 받거나 무시를 당하는 공포는 성인이 되어서도 바뀌지 않았어요. 어린 제게 이 공포감을 심어준 사람은 다름 아닌 어머니였어요. 공포를 앞세워 저를 마음대로 키우려 했던 어머니에 대한 분노가 제 폭력의 원인이었던 것 같아요."

그녀는 왜 어머니에게 폭력을 휘두른 것일까? 자신으로부터 도망치려 하는 어머니를 붙잡아두기 위해서였다. 그러면 왜 붙잡아두고 싶었을까? 붙잡아두지 않으면 어머니는 자신을 잊어버릴 것이기 때문이다. 자신을 잊어버리지 않게 하는 것이 어머니에 대한 보복인 것이다. 그러면 그녀는 왜 어머니에게 보복을 하고 싶은 것일까? 어머니를 깊이 증오하고 있기 때문이다. 왜 그녀는 어머니를 증오하는 것일까? 어머니의 마음에 들기 위해 노력해왔는데 어머니는 자신을 생각해주지 않았기 때문이다.

그런 의문들을 몇 번이나 자문자답해보면서 C씨는 마지막 의문을 던졌다.

"그렇다면 나는 왜 어머니의 마음에 들고 싶어 했을까?"

이 의문이 떠올랐을 때 그녀는 '분노' 수준보다 더욱 깊은 마음의 수준으로 들어갔다.

분노보다 깊은 외로움

"저는 왜 어머니의 마음에 들고 싶어 했을까요. 혼자 있으면 '외로웠기' 때문이에요."

어린 그녀에게 자신을 이해해주는 사람은 어머니 이외에는 없었다. 너무나 간단한 이 사실을 깨달았다는 것은 그녀의 입장에서는 엄청난 사건이었다. "나의 폭력의 뿌리에는 외로움이 있었던 거야"라고 스스로 인정한 순간, 그녀는 마음 깊은 곳에 더 가까워지고 있었다.

분노의 감정을 몸으로 느끼면서 고민하는 과정에서 무엇인가 희망을 느끼게 하는 기대감이 있었어요. 그것에 이끌려 생각하다 보니 분노라는 감정과 '후회'라는 감정이 느껴졌어요. 후회는 분노보다 더 제게 가깝게 느껴지는 감정이었어요. 후회라는 단어의 내면에는 저 자신을 안타까워하는 감정이 있었거든요. 어머니에 대한 분노를 분출하고 있었을 때보다 슬프다거나 우울하다는 식으로 저의 감정을 표현하는 쪽이 만족감을 주었어요. 만족감에 있어서 이 약간의 차이가 정말 컸어요. 그것은 마치 빛을 발견한 듯한 느낌이었거든요.

분노, 슬픔, 외로움, 모두 그리운 단어들이에요. 저를 표현하는 말들이니까요. 이 말들을 생각하고 있을 때 저는 비로소 제 자신과 함께 있는 듯한 느낌이 들었어요. 스스로 제 자신을 인정하는 듯한 편안함이요.

외로움이라는 감정은 오래전부터 느꼈던 것 같아요. 이전에도 몇 번이나 마음속에서 고개를 치켜들었지요. 하지만 충분히

모습을 드러낸 적은 없었어요. 어머니에 대한 분노가 외로움
이라는 감정을 억누르고 있었기 때문이지요.

외로움이라는 단어를 발견했을 때 비로소 저는 혼자가 되었다
는 느낌이 들었어요.

이 말들은 그녀가 어머니에 대한 분노로부터 완전히 자유
로워졌다는 사실을 표현하고 있다. 사람은 보다 깊은 감정을
발견했을 때 이전의 감정으로부터 자유로워질 수 있다. 이 말
들에는 이전까지 그녀가 한 어떤 말보다도 확신이 깃들어 있
었기 때문에 지금까지의 표현 중에서 가장 깊은 수준의 표현
임에 틀림없었다.

외로움이라는 감정으로 마음이 옮겨갔을 때 그녀는 분노에
대해 객관적으로 생각할 수 있었다. 어머니에게 왜 그렇게까
지 얽매여 있었는지 그녀는 자신을 다독이며 생각했다. 자신
의 성장 과정을 이해하고 그와 관련된 어머니의 성장 과정을
이해했다. 자신이 스스로를 억제하게 된 것은 어머니와 자신
의 관계에 문제가 있어서라는 사실을 이해했다. 어머니가 자
신과 일방적인 관계밖에 가질 수 없었던 원인은 어머니의 어

린 시절까지 거슬러 올라가야 찾을 수 있다는 사실도 이해했
다. 비로소 그녀는 '절망'을 할 수 있는 준비를 갖추었다.

절망과의 만남

절망은 지성의 판단과 그에 따르는 마음의 무게다. C씨의 지
성의 판단이란 폭력과 분노의 필연성이었다. 마음은 그 판단
이 올바른 것이라고 인정하지 않을 수 없었다.

그녀가 어머니에게 증오를 품게 된 데에는 이유가 있었다.
어머니가 그녀를 충분히 사랑해줄 수 없었던 데에도 이유가
있었다. 그것은 함부로 비난할 수 있는 것이 아니었다. C씨와
어머니의 관계가 형성되었을 때 C씨는 너무 어렸다. 다른 선
택을 할 수 있는 능력은 없었다. 마찬가지로 어머니 D씨가 사
람들과의 관계를 형성하게 되었을 때도 그녀 역시 아직 어린
소녀였다. 여기에도 선택의 여지는 없었다. 그 후의 모녀 관계
는 누구의 책임도 아닌 운명의 흐름이라는 설명밖에는 달리
표현할 방법이 없었다. 이것이 지성의 판단이었다.

이때의 지성은 과거에 자신의 행동을 스스로 선택하고 스스로 운명을 결정할 수 있다고 믿었던 지성이다. 그러나 지성의 냉정한 힘은 사람의 운명은 스스로 선택할 수 없고, 적어도 C씨의 운명도 스스로 선택할 수 없었다는 결론을 내려주었다. C씨의 마음은 이 결론을 인정하지 않을 수 없었다.

'외로움'이라는 마음속 깊은 감정을 만난 C씨는 그 후 얼마 지나지 않아 자유롭게 행동하기 시작한 지성에 이끌려 전혀 다른 결론을 만났다. 바로 절망과의 만남이다.

마음의 움직임을 순수하게 인정하게 된 그녀는 쓸데없는 저항을 하고 싶은 생각은 없었다. 이제 그녀는 충분히 절망할 수 있었다. 어쩔 수 없는 인생이었으니까.

검증 3: 온전한 나의 관점을 찾기

언제 우리는 운명에 몸을 맡기는가

C씨의 절망은 그것을 느끼기 시작한 시점부터 묘한 해방감을 동반하고 있었다. 절망이라는 감정 속에는 자신의 운명을 슬퍼하거나 애석해하는 기분도 포함되어 있었고 앞으로 어떻게 해야 좋은지 고민하는 미래에 대한 불안도 섞여 있었다. 그것들은 모두 무겁고 어두운 감정이었다.

그러나 그녀의 마음은 절망의 무게나 어둠에는 그다지 주의를 기울이려 하지 않았다. 오히려 절망이라는 감정 속에 존재하는 밝음과 해방감을 맛보고 있었다. 그것을 맛보고 있는 자신은 지금까지 29년 동안의 인생을 어디선가 줄곧 지켜봐 왔던 객관적인 자신이었다. 그런 자신과 하나가 되어 29년 동안의 필연적인 운명을 바라보고 있을 때 어쩔 수 없는 일이었다고 포기하는 감정이 끓어올랐다.

그것은 절망 속의 밝음과 해방감에 가까운 감정이었다. 운명으로 모든 것이 정해지는 어쩔 수 없는 일이었다고 생각하자 그녀는 마음이 편해졌다. 안정된 마음으로 C씨는 조용히 중얼거렸다.

"나는 운이 없었던 거야"

이것은 분노나 외로움과는 또 다른 감정이었다. 또 갑작스런 변심이나 자신을 포기하는 감각과도 거리가 멀었다. 포기라는 감정과 뒤섞인 절망은 마음을 편하게 만들어주었다. 자신의 인생에 집착하고 싶지는 않았다. 아니, 그것은 불가능했다. 포기에는 약간의 슬픔이 포함되어 있었지만 그것도 얼마 후 사라져버렸다.

그곳에는 조용히 포기하고 자신으로부터 벗어나 조용히 자신을 바라보고 있는 또 다른 자신이 있었다. 그 순간 그녀는 자신의 가장 깊은 수준에 존재하는 주관성의 핵심에 다가가 있었던 것이다.

자신과 어머니의 운명을 이해하고 절망했을 때 지성은 가장 객관적인 판단을 내렸다. 운명은 그녀의 능력으로는 바꿀 수 없는 객관적인 것이다. 사람에게 있어서 운명만큼 무겁고 차가운 객관성은 없을지도 모른다. 그러나 운명을 인정하고 마음이 '어쩔 수 없다'고 여기며 밝은 쪽으로 움직이기 시작했을 때 마음은 새로운 주관성을 만들기 시작한다. 무거운 객관성을 수용했을 때 그녀는 다시 주관성을 되찾은 것이다.

객관성의 극한에서 주관성의 극한으로 멋진 상전이가 발생하면 사람은 크게 바뀐다. 한번 운명에 몸을 맡긴 마음은 그 이후 운명과 함께 살아가기 시작한다. 그리고 마지막에는 운명을 살기 시작한다. 또는 운명을 실현하기 시작한다.

극한 상황을 통과한 이후의 마음

우리는 슬픔을 감추기 위해 술을 마시는 경우가 있다. 술의 취기를 이용해서 슬픔으로 인해 긴장하고 있는 자신으로부터 벗어날 수 있기 때문이다. 방심한 듯한 평온함을 가져온 취기는 슬픔으로부터 멀어지게 만든다. 그럴 때 자신의 슬픈 체험은 마치 외국 영화를 보고 있는 것처럼 멀게 느껴진다.

취기에 의해 사라진 것은 슬픔에 뒤섞여 있던 이성적인 자신이다. 취기 속에 남는 것은 그런 자신을 바라보고 있는 보다 깊은 곳에 존재하는 자신이다.

C씨가 절망 속에서 느낀 것은 이와 비슷한 감정이었다. 긴장하면서 살아온 자신이 사라진 이후 남게 된 자신은 평온한 상태로 과거를 돌아보고 있었다. 그때 그녀는 절망 속에서 희미하게 움직이는 마음의 충동을 느꼈다. 조용한 마음의 저변에서 외부의 빛을 향해 방향 전환을 하는 움직임이었다.

충동은 표면으로 부각되었을 때 두 가지 말로 표현되었다. "운이 없으니까 어쩔 수 없어."라는 말과 "어차피 운이 없다면 뭔가 좋은 일이라도 시작해볼까?"라는 말이다. 이때부터 그동안 내부로만 향하고 있던 마음이 반전을 해 외부로 향하기 시작한다.

C씨는 새로운 행동에 나섰다. 아버지에게 어머니가 입원해 있는 병원을 물었다. 처음에는 주저하던 아버지는 어떻게든

알아내야겠다고 뜻을 굽히지 않는 그녀를 이기지 못하고 병원 이름을 가르쳐주었다.

어머니는 갑작스런 딸의 면회에 동요하는 모습을 보였다. C 씨는 침대 옆에 앉아 자신의 성장 과정을 담담하게 이야기하기 시작했다. 시간이 흐를수록 넘쳐흐르는 감정을 억제하기 어려웠지만 말을 끊지 않고 계속 이어갔다. 때로 어머니에 대한 비난과 분노 때문에 말투가 거칠어지기도 했다. 어머니는 놀란 표정으로 뚫어지게 바라보기만 할 뿐 꼼짝도 하지 않았다. 어린 시절의 외로움, 성장한 이후의 분노, 거식증에 걸렸던 고통…. 자신의 절망을 모두 말로 표현하고 나서 그녀는 어머니가 누워 있는 침대에 얼굴을 묻고 오열했다.

잠시 후 어느 정도 감정이 가라앉자 그녀는 조용히 일어서서 "빨리 나아서 일어나."라는 말을 남기고 꽃병의 물을 갈아준 다음 새로운 꽃을 꽂아두고 병실을 나왔다.

병원 현관문을 열자 한여름의 후텁지근한 열기와 배기가스 냄새가 그녀의 몸을 감쌌다. 인도의 초라한 가로수는 먼지를 뒤집어쓴 채 말라가고 있었다. 그 옆에는 음식물 쓰레기 찌꺼기가 흩어져 있었다. 정체되어 있는 자동차들이 발산하는 소음, 지쳐 보이는 운전자들의 얼굴들, 아스팔트의 강렬한 열기…. 이것들은 모두 그녀가 오랜 동안 기피해왔던 도시의 모습이었다. 그녀는 인공적인 것들을 싫어했다. 그래서 도시와 사람들로부터 벗어나 혼자 자연 속에서 살고 싶다고 생각하고 있었다. 그러나 그날 병원을 나왔을 때 그렇게 삭막했던 도시의 풍경들이 그녀에게 그리움으로 느껴졌다.

지성에는 한계가 있다

C씨는 마음속에 있는 주관성과 접촉해 스스로에 대한 자신감과 확신을 되찾았다. 일상생활 속에서 우리가 가장 익숙해 있는 지성 수준을 넘어 고루한 해석으로부터 벗어나 마음속을 탐구한 결과다. 이 지성 수준을 넘었을 때 커다란 역할을 담당하는 것이 성숙한 감성과 직감이다.

감정의 성숙한 단계인 감성은 마음속에서는 지성보다 훨씬 깊은 층에 위치해 있으며 보다 고차원적인 기능을 담당한다. 그것은 섬세하고 전체적이며 직감적이다. 감성은 지성의 틀 안에 갇히는 일 없이 자유롭게 돌아다니는 성질을 가지고 있다.

지성은 자신의 외부에 존재하는 가치 판단의 기준을 참조해야 한다. 법률에 합치되거나 윤리에 근거하거나 다른 사람들이 어떻게 생각할지를 참조해야 한다. 그러나 감성은 그것이 발생했을 때부터 자신의 가치 판단을 가지고 있다. 외부에서는 감성의 가치를 매길 수 없다. 그리고 감성은 누구도 부정할 수 없는 주관성의 성질을 가지고 있다.

감성은 언어를 넘어 언어와 기존의 개념으로는 표현하기 어려운 것들을 느낄 수 있다. 반면, 지성은 언어라는 도구를 사용하므로 언어로 표현될 수 있는 것만 다룰 수 있다.

C씨의 마음은 지성의 판단에 따라 절망을 수용했다. 그러나 마음은 늘 지성의 판단을 뛰어넘는 능력을 가지고 있다. 감성은 고루한 지성의 틀을 파괴하는 힘을 가지고 있다. 고루한 지성은 스스로의 행동을 모두 결정할 수 있다고 생각한다. 하지만 고루한 지성이 활동할 수 있는 범위는 한정되어 있다.

자신은 어떻게 해볼 수 없는 운명이라는 것이 존재한다는 사실을 알게 되었을 때, 고루한 지성은 시야의 한계를 자각하고 객관성만이 무게를 더한다. 절망은 그런 자신의 작은 의지가 커다란 운명이라는 객관성에 동요되고 있다는 사실을 깨달은 지성의 반응이기도 하다. 그때 다시 감성이 움직이기 시작했다.

직감이란 감성보다 훨씬 정밀한 감수성을 가진 전체적인 판단이다. 지성이 자신의 틀 안에서 더 이상 나아갈 수 없는 한계에 이르렀을 때, 그 경계를 넘어 새로운 지성이 활동할 수 있는 장소를 제공해주는 것이 감성과 직감이다.

C씨가 절망 속에서 절망 앞에 존재하는 밝음을 느끼게 된 것은 이 감성과 직감 때문이었다. 바꿀 수 없는 운명의 소용돌이에 놓여 있으면서 그 앞에 존재하는 해방감을 느낀다는 것은 고루한 지성 수준으로는 이해할 수 없는 것이다.

감성보다 깊은 수준에 존재하는 것은 사람의 변하지 않는 주관성이다. 이 주관성은 보다 세련된 생명의 가치이며 생활에서의 경험이다. 주관성은 느끼고 행동하고 바라고 생각하고 직감한다. 그리고 마음에서 발생하는 모든 활동을 지켜보고 있다.

사람은 자신의 마음속 깊은 부분에 도달해 이 주관성과 하나가 되어야 비로소 운명 전체를 볼 수 있다. 태어나고 활동하고 죽어가는 자신의 운명을 이해할 수 있다. 그런 이해를 통해서 완성되는 자신이 진정한 자신이다. 아무도 판단할 수 없는, 아무도 침범할 수 없는 주관성이다.

고루한 믿음을 파괴하는 마음의 순수성

C씨의 분노, 외로움, 절망을 이끈 것은 마음의 움직임이었다. 그녀는 자신의 분노를 부인하고 싶어 했다. 그러나 분노의 저변에 더욱 기분 좋은 감정이 존재한다는 사실을 직감하고 내부로 파고들어갔다. 외로움 앞에도, 절망 앞에도 무엇인가 마음이 끌리는 것이 있었기 때문이다.

마음은 항상 자신에게 더 잘 어울리는 장식을 찾아 움직인다. 최종적인 자신의 주관성을 만날 때까지 자연스럽게 움직이는 것이다. 자신과 하나가 될 수 있는 진정한 감각을 찾아서.

가끔씩 우리의 믿음이 마음의 움직임을 제한하곤 한다. 그 믿음이 바로 굳어져버린 고루한 지성이다. 그러나 마음의 순수성은 고루한 믿음을 파괴하는 힘을 가지고 있다.

마음의 순수성이란 이전보다 자신에게 더 잘 어울리는 감각이다. 어딘가 모순되어 있다고 느끼는 직감이다. 또한 자신에게 조금 더 다가가는 감성이다. 마음의 순수성이란 주관성에 대한 그리움이다.

또 하나의 지평

앞에서 자기 자신에게 다가가기 위한 마음의 능력을 세 가지로 구분해 설명했다. 자신을 벗어날 수 있는 능력, 절망할 수 있는 능력, 순수성을 느끼는 능력이다. 이것들은 마음이 최종적인 주관성을 획득하고 자아를 완성시키는 데 필요한 아주 중요한 능력이다. 이 능력들을 이용해 마음은 자기 발견이라는 중요한 작용을 한다.

마음을 새로운 주관성으로 연결시키는 이 세 가지 능력 중 순수성은 주관성까지 초월해 마음을 가장 크게 발달시켜가는 능력이다. 예를 들어, 동양의 전통적인 심리 요법, 좌선이나 요가, 명상이 이끌어내는 것 또한 마음의 순수성이다.

선(禪)이나 명상을 통해 마음이 안정되면 마음은 자연스럽게 자신의 내부 깊은 곳을 향해 나아간다. 감각의 층, 욕구의 층, 지성의 층, 감정의 층, 그리고 주관성의 층을 향해, 즉 결국에는 자신의 원천을 향해 나아간다. 선이나 명상 같은 것들은 마음의 이런 자연스러운 움직임을 이끌어내기 위해 오랜 기간에 걸쳐 전해져 내려온 수행 방법이다. 자신으로부터 벗어날 수 있는 능력이나 절망할 수 있는 능력은 필요하지 않다. 동양의 지혜에 따르면 마음의 순수성에 몸을 맡기고 주관성의 층까지 도달해 마지막으로 그 주관성도 초월했을 때 새로운 지평이 열린다고 한다.

이런 마음의 변화 과정을 적절하게 표현하는 문구가 있다.

처음에 마음에 걸렸던 소리나 추위, 더위 등의 감각은 점차 의식의 중심에서 멀어지고 이어서 기쁨과 슬픔, 즐거움과 분노, 애증, 욕망 같은 감정이나 충동에 수반되는 사고 작용이 진정된다. 단, 감정이나 충동 같은 흔들림은 없지만 관념이나 재생된 기억에 의한 연상 작용이 일정한 표상으로 향하려는 주의를 방해하기도 한다. 그러나 시간이 흘러 이것도 의식 밖으로 사라지면 마치 깊은 물속을 들여다보는 듯한 조용한 의식 상태에 도달한다. 흔히 이 상태를 '삼매(三昧)'이며 '구극(究極)'이라고 생각하기 쉽지만 아직 정적(靜寂)한 의식 상태를 인식하는 마음이 남아 있다. 시간이 흘러 마침내 일정한 표상으로 향하고 있던 의(意)가 그 표상과 하나가 되면 이른바 '의(意)'라는 작용 그 자체가 되는데, 이것이 진정한 삼매이며 마음의 심처(深處)다.

이것은 이케다 가츠아키(池田克明)가 좌선의 경지를 심리학적으로 기술한 것이다(《정신신경학잡지》에 게재된 히라이 도미오(平井富雄)의 〈좌선의 뇌파적 연구〉에서 재인용). 여기에서는 마음이 표층 수준에서 보다 깊은 수준으로 조용히 움직여가는 과정이 멋지게 표현되어 있다. 그리고 마지막에 남은 인식 자체가 의식과 하나가 되었을 때가 삼매경(三昧境)이라고 설명하고 있다. 이 삼매경이야말로 최종적으로 나타나는 마음의 발달의 자기모순, 즉 주관성 그 자체를 어떻게 객관적으로 바라보는가 하는 문제를 해결해준다.

선의 깨달음이나 삼매경의 상태를 설명하는 것은 이 책의 범위를 넘어서는 문제이며 나의 능력을 뛰어넘는 문제다. 하지만 이런 상태는 주관성을 획득한 사람들의 마음의 상태와 매우 유사하며 또한 연결되는 듯한 느낌이 들어 이해를 도울 것이다.

6장

나의 감각, 욕구, 지성, 감정과 친해지는 법

사람은 어떤 계기에 의해 마음의 세 가지 능력에 이끌리면서 보다 깊고 정교한 주관성을 만난다. 그 만남은 잠깐이지만 만남을 체험하는 순간 그 사람의 내부에는 지금까지 경험한 적이 없었던 커다란 변화가 발생한다.

마음은 감각, 욕구, 지성, 감정·감성에 의해 계층적으로 완성된다. 가장 깊은 장소에 위치해 있는 것은 이 모든 계층을 지켜보고 있는 주관성이다. 우리는 이것을 '자아'라고 부르기도 하고 '진정한 자기'라고 부르기도 하며 '자기 자신'이라고 표현하기도 한다.

나를 밀어내지 않는 연습

고루한 자신에서 새로운 자신으로

마음의 세 가지 능력이 발휘되었을 때 마지막으로 도달하는 장소는 보다 깊은 부분에 위치해 있는 주관성의 층이다. 이 주관성은 일상생활이나 인생의 사건으로부터 약간 떨어진 위치에 존재한다. 즉, 예전이나 지금이나 항상 변하지 않는 자신과 마주하게 된다. 이 주관성은 매일 자신의 주변에서 발생하는 세밀한 사건 하나하나를 체험하고 있지만 그 사건에 몰입하지는 않는다. 또 좀처럼 얼굴을 드러내지도 않는다. 단, 자신의 모든 체험을 조용히 관찰하고 있을 뿐이다.

지성의 수준에서 자신보다 얕은 수준에 위치해 있는 감각과 욕구의 활동을 객관적으로 관찰할 수 있었던 것처럼 주관성은 자신보다 얕은 층에 존재하는 마음의 모든 사건을 객관적으로 바라볼 수 있다.

어느 날 갑자기 예상하지 못한 사고로 다리를 잃고 우울해 있던 B씨가 아침 햇살을 보았을 때 마음속에서는 아름답다는 감정이 발생함과 동시에 그런 마음의 움직임을 부정하려는 감정도 함께 발생했다. 이것은 모두 마음의 충동에서 비롯된 사건들이다. 이때 그 충동을 조용히 지켜보고 있던 것이 보다 깊은 위치에 존재하는 주관성이다. 마음 깊은 곳에 위치해 있는 주관성은 마음의 충동을 객관적으로 관찰할 수 있다. 그런 식으로 마음의 움직임을 모두 관찰할 수 있게 되었을 때 비로소 B씨는 변했다.

C씨는 자신을 키워준 어머니에 대한 분노의 감정보다 더 깊은 곳에 존재하는 외로움이라는 감정을 발견했다. 외로움을 느끼고 그 외로움이 자신의 문제라는 사실을 깨닫게 해준 것은 그녀의 주관성이었다. 그녀가 느낀 기분 좋은 절망은 마음이 자신의 모든 변화를 바라볼 수 있게 되었을 때 발생하는 감

정이며 자신의 내부에 존재하는 모든 감정을 보게 되었을 때의 기쁨이다.

마음의 모든 움직임이 보였을 때 완성되는 것은 자율성, 자기 자신에 의한 통치, 또는 독립성이다. 이것은 동서양을 가리지 않고 역사적으로 전해져 내려온 '성숙'이라고 불리는 인격의 성장 단계이기도 하다. 자기 조직화의 최종 단계에서 주관성은 마음속에 구축된 모든 것을 통치하는 존재가 된다. 이때 자신에 대한 새로운 해석이 탄생하고 객관성으로부터 주관성으로의 상전이가 발생한다.

고루한 해석, 즉 우리가 서른 살 정도까지 획득한 성인의 해석 안에서 '자신'이란 가족, 회사, 사회의 수많은 인간관계 속에서 그 관계 하나하나에 의해 정해지는 '자기상(自己像)'의 집합이었다. 가정에서는 아버지나 남편이고, 회사에서는 계장이나 과장이며, 사회에서는 선량한 일반 시민인 나, 그 끝없는 관계가 만들어내는 나의 상 하나하나를 전부 그러모은 것이 자기 자신이었다. 성인은 자신을 그런 존재로만 이해해왔다.

바꾸어 말하면 고루한 해석 안에서의 나는 자신의 외부에서 발생하는 인간관계에 의해 만들어지는 객관적인 '존재'였다. 그러나 내가 마음의 보다 깊은 주관성을 만나고 마음속에서 발생하는 모든 현상을 관찰할 수 있게 되었을 때 나는 나 자신을 정의하는 데 있어서 외적인 사물이나 인간관계를 참조할 필요가 없어진다.

고루한 자신은 주변의 가치 있는 사람으로부터 기대를 받는 것에 의해 결정되는 자신이었지만 새로운 자신은 자신의 내적인 장소에서 발생하는 목적이나 나아가야 할 방향에 의해 정해지는 자신이다.

나는 사람들과의 상호 관계 속에서 탄생하는 것이 아니라 내적으로 확립되는 것이다. 나는 자율적이고 독립적이고 자기참조적이다. 나는 주어진 역할을 연기하는 존재가 아니다.

진정한 나는 아버지, 남편, 과장, 시민 등 모든 역할을 객관적으로 바라볼 수 있으며 항상 변하지 않는 나의 주관성이다.

새로운 주관성이 탄생하는 순간

마음 깊은 곳에 위치해 있는 주관성과의 짧은 만남 이후 우리는 다시 일상생활로 돌아간다. 그러나 그때 우리는 자신이 새롭게 획득한 것이 있다는 사실을 깨닫는다. 바로 자신과 그 생활을 객관적으로 바라보는 주관성이 일상생활 속에서도 생생하게 자신의 내부에 존재하고 있다는 사실이다. 그 주관성은 이전보다 자신의 일상생활을 끊임없이 객관화하는 능력을 발휘한다. 객관화란 모든 것을 자신으로부터 멀리 떨어진 사건으로 여기고 관찰하는 것이다. 객관화를 할 수 있으면 이전에는 볼 수 없었던 것이 보인다. 지금까지 볼 수 없었던 자기 자신의 모습, 지금까지 볼 수 없었던 타인, 지금까지 볼 수 없었던 사회, 지금까지 볼 수 없었던 자연을 볼 수 있다.

새롭게 보게 되는 자신은 어쩌면 그 시대, 그 사회의 상황이나 작용에 휘둘리며 살아온 자신일지도 모른다. 부모를 원망하고 좀 더 좋은 부모 밑에서 태어났어야 한다고 한탄하고 있던 자신일지도 모른다. 늘 같은 실패만을 되풀이하고 그때마다 똑같은 후회를 했던 가련한 자신일지도 모른다. 이런 것들은 한 번뿐인 인생을 살고 있는 자신에게 있어서 다시는 되돌릴 수 없는 아픔들이다. 그와 동시에 그 인생을 멀리서 지켜보고 있는 보다 깊은 주관성의 입장에서 보면 단순한 우연이기도 하다. 그것은 우연히 시간을 보내기 위해 관람한 영화의 시나리오 같은 것이기도 하다.

　되돌릴 수 없는 시간이라는 사실에 직면한 절망과 그것을 우연으로 지켜보고 있는 주관성이 마주하게 되었을 때 '나'는 커다란 결단을 내린다. 자신의 책임과 선택이 미치지 못하는 장소에서 결정해주는 대로 살아온 가련한 자신의 생애를 한탄하면서 살아갈 것인가, 아니면 거대한 파도에 떠밀려 자기도 모르는 사이에 자연스럽게 도착하게 된 곳이 비록 외로운 섬일지라도 자신이 그곳에 존재하고 있는 이상 자신의 인생은 스스로 결정해야 한다는 단순한 사실을 수용할 것인가 하는 양자택일이다.

　마음의 주관성이 탄생하고 객관적으로 바라보는 능력이 충분히 발휘되고 있는 경우, 이 선택은 마음의 순수성을 따라 용이하게 이루어진다. 그때 마음은 짧은 시간 동안 고통과 슬픔에 잠길 수도 있다. 그러나 이내 보다 밝고 넓게 확대되어간다. 바로 일상생활 속에 새로운 주관성이 확립되는 순간이다.

니시다(西田) 철학을 배우고 10만 페이지나 되는 유고를 남긴 오쓰지 도겐(大辻桃源)은 마음의 깊이를 철저하게 파헤친 인물이었다. 그는 저서에서 사람에게는 표면적인 자신과 진정한 자신이라는 두 명의 자신이 있으며, 마음 깊은 곳에 변하지 않는 주관성이 존재함을 설명하고 있다.

사람에게는 두 개의 얼굴이 있다. 심리적으로 볼 때 바쁘게 오가는 표면적인 자신과 좀처럼 얼굴을 드러내지 않고 내면 깊숙이 존재하는 자신이다. 좀처럼 얼굴을 드러내지 않는, 내면 깊숙한 곳에 조용히 자리를 잡고 있는 자신이야말로 변함없이 꿋꿋한 존재로서 늘 그 자리를 지키고 있는 진정한 자신이다.

_오쓰지 도겐, 《강좌: 사람과 결혼》

그는 진정한 자신을 만나는 자기 교육을 위해 교육이라는 형태도 존재해야 한다고 주장했다.

가능하면 빨리 연습을 시작해야 한다. 최대한 일찍 시작해야 한다. 그렇게 하면 대체적으로 30~40대에는 진정한 자신, 즉 내면 깊숙이 우리의 마음속에 자리 잡고 있는 자신이 매일 얼굴을 내밀고 지켜보면서 우리가 잘못을 저지르려 해도 그것을 막아준다. 즉, 마음이 그만큼 맑아지는 것이다. 그 상태에 이르면 굳이 많은 에너지를 소모하면서 살아갈 필요가 없다. … 하지만 진정한 자신이 존재한다는 사실을 여러분은 믿지 않는다. 확인하려 하지 않는다. 희미하게나마 그런 존재, 지구가 무너지더라도 절대로 무너지지 않는 존재, 진정한 자신이라는 존재가 있다는 사실을 생각하는 것만으로도 사람은 더욱 견고해질 수 있다고 나는 생각한다.

_오쓰지 도겐,《강좌: 사람과 결혼》

도겐이 말하고 있는 진정한 자신이란 무슨 일이 있어도 움직이지 않고 변하지 않는 주관성이다. 지구가 무너져도 자신은 무너지지 않는다고 잘라 말하는 이유는 주관성의 가장 깊은 세계를 체험하고 일상생활에서 그것을 느낄 수 있었기 때문일 것이다. 또 진정한 자신은 내부 깊숙한 곳에 자리 잡고 앉아 좀처럼 얼굴을 드러내지 않는다고 말하는 것은 누구에게나 진정한 자신이 존재하지만 그것을 깨닫지 못하고 있다는 뜻이다. 희미하게나마 진정한 자신이 존재한다는 사실을 생각하는 것만으로도 사람이 견고해진다는 말은, 마음 깊은 곳에 존재하는 주관성을 사실 지금 당장이라도 느낄 수 있다는 뜻이다. 주관성을 확실하게 자기 것으로 만들려면 자신을 바꾸어가는 훈련이 필요할지도 모르지만 주관성의 일부분은 언제든지 느낄 수 있다. 그것은 우리가 가지고 있는 '나는 나다'라는 감각이다. 이것을 매일 느끼는 것만으로 사람은 변할 수 있고 이전보다 훨씬 견고해질 수 있다.

젊은 시절부터 자신을 바라보는 연습을 지속하면 30~40대에는 마음 깊은 곳에 존재하는 진정한 자신이 매일 얼굴을 내밀게 된다. 진정한 자신이 매일 얼굴을 내밀면 마음이 맑아져 잘못을 저지르지 않게 되며 에너지를 많이 소비할 필요도 없다. 에너지를 많이 소비할 필요가 없는 이유는 스트레스를 받지 않기 때문이다. 최소한의 에너지로 가장 효율적인 행동을 취할 수 있다. 이런 사람에게는 일과 여유는 큰 차이가 없다. 일도 일상생활에서의 즐거움의 하나가 될 수 있다.

이것은 평균적인 성인의 수준을 넘어선 정신적인 발달에 의해 얻을 수 있는 인격의 특징이다. 다시 말해, 사람은 주관성을 확립하면 정신적 발달을 이루고 새로운 능력을 발휘할 수 있다.

객관성에 지지 않는 자유로운 감각

나는 실패를 웃어넘길 수 있는가

주관성을 확립한 마음은 새로운 능력을 획득한다. 첫째는 객관적인 관찰 능력이다. 객관적인 관찰 능력은 마음속의 움직임을 조용히 바라보는 것에서부터 시작된다.

지성 수준에 도달하게 된 마음이 보다 얕은 수준에 있는 감각의 층과 욕구의 층을 객관적으로 바라볼 수 있었던 것처럼 마음이 주관성 수준에 도달하면 지성과 감정의 층에 대해서도 객관적인 관찰 능력을 갖추게 된다. 귤을 보고 손을 뻗고 있는 자신을 객관적으로 바라본 것과 마찬가지로 자신의 감정을 객관적으로 관찰하게 되는 것이다.

마음속에 분노가 끓어오르면 그것이 어디에서 탄생하고 어디로 향하는지를 단지 조용히 바라보며 느끼게 된다. 자연스러운 분노는 아무리 길어도 수십 초를 넘지 않는다는 사실을 이해하고, 감정을 조용히 관찰할 수 있게 된 마음은 자신의 내면에 시야를 차단하는 방해물이 없다는 사실을 깨닫는다. 그 결과 분노는 자연스럽게 탄생했다가 자연스럽게 사라져간다. 이제 분노가 깨어나거나 사라지는 현상을 굳이 억누를 필요가 없어지는 것이다.

감정이 자유로워진 결과, 지성의 믿음은 해방되고 보다 세련된 지성은 감성과 모순을 일으키지 않고 활동하게 된다. 지성과 감성 사이에 작은 차이가 발생하는 경우가 있더라도 마음은 그것을 민감하게 감지하고 재검토와 수정을 거듭한다. 따라서 마음속의 모순은 정리되고 마음의 모든 감정은 통합된다.

자신의 내면을 정리할 수 있게 된 마음은 안심하고 외부 세계로 관심을 옮겨간다. 그것은 어머니와 자신 사이에 존재하는 안정적인 애정을 확신해온 아이가 자신의 흥미를 집 밖으로, 친구에게로 확대해가는 것과 비슷하다. 언제든지 돌아올 수 있는 장소를 확보한 아이는 자신의 흥미가 향하는 대로 새로운 세계로 뛰어든다. 그와 마찬가지로 주관성이라는 확신을 가질 수 있게 된 마음은 객관적으로 관찰하는 능력을 자신의 내면뿐 아니라 외부 세계로 확장해가는 것이다.

이렇게 해서 자신의 마음에 자신감을 가지게 된 사람은 자신에게서 벗어나 타인과 자신의 외부에 존재하는 사물을 관찰할 수 있다. 감정의 움직임에 휘둘리는 일 없이 타인의 심리 작용을 느낄 수 있게 되는 것이다. 타인의 세밀한 표정 변화는 이전보다 훨씬 더 생생하게 자신의 마음속으로 들어온다. 그 결과 타인과의 교류가 심화되고 타인의 움직임이 보다 명료하게 부각된다.

자신을 객관적으로 관찰하는 사람의 발언을 듣고 있으면, 그 내용은 자신에게서 벗어난 객관적인 관점에서의 발언이 아니라 오히려 자신을 중심으로 한 자신의 입장에서의 발언이라는 사실을 알 수 있다.

예를 들어, 비즈니스와 관련된 회의에서 주관성을 유지하고 있는 사람은 객관적인 상황의 묘사를 장황하게 늘어놓지 않는다. 일반적으로 사람들이 객관적인 정세를 상세히 설명하고 그 안에서 자신들이 해야 할 일을 이끌어내는 데 비해 주관성을 가진 사람은 우선 자신이 해야 할 일이 정해져 있고 그것을 검증하는 재료가 곧 객관적인 상황인 것처럼 설명한다. 우리는 그런 설명을 들으면서 사태를 정확하게 파악하고 있는 사람의 강인함을 느낄 수 있다.

내가 실시하고 있는 정신과의 그룹 치료에서도 이와 비슷한 상황을 볼 수 있다. 즉, 자신의 마음속에 존재하는 주관성에 접촉해 심리적 고민에서 회복한 사람은 "저는…"이라는 말로 시작한다. 사람은 이렇게 살아야 한다거나 우리 가족은 이렇게 문제가 있다는 식의 객관적인 말 대신, "나는 이렇게 하고 싶다.", "나는 우리 가족을 이런 식으로 느낀다."라고 말한다. 자신의 입장에서의 발언, 안정된 발언이 증가하는 것이다.

그룹 치료에서 이런 발언은 자신의 입장(I-position)에서의 발언이라고 부른다. 다른 참가자는 그 말을 듣고 자신의 마음을 정리하거나 자신을 돌아보는 계기를 얻기 때문에 자신의 입장에서의 발언은 주관성을 자극하고 치유력을 높이는 발언으로서 크게 환영을 받는다. 비즈니스이든 그룹 치료이든 주관적인 발언은 객관적인 관찰 능력과 자신을 파악하고 있다는 자신감이 뒷받침되어야 나올 수 있다.

참고로 객관적인 관찰 능력을 향상시킨 사람은 유머 감각이 풍부하다. 유머가 있는 인물을 떠올려보면 그가 자기 자신을 잘 이해하고 있는 사람이라는 느낌이 들 것이다.

유머란 보통 무언가를 믿고 그 세계 안에 몰입하고 있는 자신을 외부에서 바라보았을 때 만들어진다. 무엇인가를 믿고 그런 마음을 가지게 된 자신의 모습과 그런 모습으로부터 동떨어져 있는 천진난만하고 순수한 자신을 발견할 수 있기 때문이다. 예를 들어 신랑신부의 선배로서 자신이 인생의 교훈을 들려주었다고 믿었는데 문득 자신의 가정을 돌아보니 '선배의 모습'은 온데간데없을 때 느껴지는 감정 같은 것이다. 순수한 자신에 대한 애정으로 생각할 수도 있다.

또 실패하지 않을 거라 생각하던 자신의 협소한 믿음과 그로부터 불거져 나온 자신의 폭넓은 사고를 함께 바라볼 수 있는 사람만이 자신의 실패를 유머로서 이야기할 수 있다. 그런 사람들은 자신을 솔직하게 바라보고 애석함과 포기를 말할 수 있다. 한마디로 유머 감각은 객관적인 관찰 능력과 표리일체(表裏一體)의 관계다.

또 성숙한 사람의 따뜻한 유머는 듣고 있는 사람을 안심시키고 유머를 구사하는 사람의 깊이를 느끼게 한다. 성숙한 사람은 자신을 현실로부터 일단 분리시킬 줄 안다. 유머는 행동의 필연성을 분리시켜 관찰하는 여유와 포기의 입장에서 탄생한다. 즉, 주관성과 객관성 사이에 존재하는 작은 틈새를 이해하게 되었을 때 탄생하는 것이 바로 유머다.

나는 의존적인가, 독립적인가

자신의 주관성을 만나면 스스로에 대한 자신감이 탄생한다. 그것은 타인과의 비교에 의해 탄생하는 자신감이 아니라 자신에 대한 절대적인 자신감이다. 이 자신감은 자신의 단일성, 연속성, 절대성의 자각에 바탕을 두고 있다.

우리의 지성은 자신에 대한 절대적인 가치 판단을 가지고 있지 않다. 자신의 판단이 올바른 것인지 아닌지를 확인하려면 외부의 다양한 기준에 비춰보아야 한다. 외부란 사회의 법률이나 도덕, 윤리의 가치 판단, 또는 타인의 의견을 의미한다.

그리고 자신의 판단과 주변의 다양한 견해를 비교해 되새겨보고 최종적인 결론을 내리는 것이 지성의 작용이다.

외부와의 비교에 의해서만 결론을 이끌어낼 수밖에 없다는 의미에서 지성에 의한 판단은 늘 자신감이 부족하다. 최종적인 결론을 내린 이후에도 아직 비교하고 검토해야 하는 것들이 남아 있지 않은지 걱정을 해야 하기 때문이다.

반면 세련된 감성은 그것이 마음속에 탄생했을 때 이미 자신의 가치 판단을 동반한다. 사물을 아름답다고 느끼거나 사물에 혐오감을 느낄 때의 감성은 자신의 마음속에서의 판단이다. 따라서 그 판단을 무시하고 억압하는 것은 가능하지만 감성이 발생했을 때 자신이 가지고 있던 가치 판단은 바꿀 수 없다. 자신의 아름다움이나 추함을 이미 느껴버렸기 때문이다. 아름다운 것은 좋고 혐오감을 주는 것은 나쁘다는 판단은 감성 안에 포함되어 있는 것이다. 그 옳고 그름에 관하여 외부의 판단이나 기준을 적용할 수는 없다.

주관성을 획득한 사람의 판단에도 이와 비슷한 작용이 발생한다. 그는 주변의 환경에 좌우되는 일 없이, 주변에 신경 쓸 필요 없이 자신의 판단을 내린다. 판단은 자신이 가지고 있는 지성과 감성의 모든 경험을 바탕으로 만들어진 것이다. 자신의 온 힘을 다 쏟아부은 것이기 때문에 후회는 없다. 물론 판단을 잘못 내리는 경우도 있지만 그것은 판단한 자신이 잘못된 것이 아니라 단순히 판단이 현실과 맞지 않았을 뿐이다. 자신의 경험이 부족했을 뿐이다.

주관성을 유지하고 있는 사람은 그런 경우에 주저하지 않고 자신의 판단을 정정한다. 이처럼 판단의 옳고 그름 자체와 그것을 실행한 자기 자신을 냉정하게 구분할 수 있는 사람은 결국 상황에 좌우되지 않는 냉정한 판단을 내리게 된다. 따라서 주관성을 가진 사람은 그렇지 않은 사람과 비교할 때, 잘못된 판단을 내릴 빈도가 훨씬 줄어든다.

미국의 정신의학 전문가 해럴드 보스(Harold M. Voth)는 사람이 자신의 주변을 인지하는 특징을 두 가지 타입으로 구분했다. 환경 의존적인 사람(ego close)과 환경 독립적인 사람(ego distant)이다.

환경 의존적인 사람은 주변 환경의 자극에 민감해서 늘 주의가 외부로 향해 있고 행동 역시 주변의 환경에 좌우되기 쉽다. 또 그들은 만화를 보고 있는 아이가 그 만화의 주인공인 것처럼 생각하듯 자신의 욕구를 타인에게 투영하거나 반대로 자신의 욕구를 억압하는 경우가 많다. 주인공이 활약하는 영화를 보고 나서 왠지 모르게 자신이 강해진 것처럼 느끼는 사람은 환경 의존적인 경향이 강한 사람이다.

한편, 환경 독립적인 사람은 주변 환경으로부터 일정한 거리를 유지하고 자신의 내부에 인지와 행동에 관한 확고한 지침을 가지고 있다. 외부 세계, 사회적 관계에 좌우되지 않는 안정된 자신의 모습을 유지하고 경험을 쌓아 자신의 능력을 확대해가는 경향이 있다. 또 그들은 고독을 즐기는 능력이 있다.

보스에 따르면 두 가지 타입은 '자동운동 테스트'를 이용해서 판별할 수 있다고 한다. 우선 피실험자에게 "커다란 검은 통 안에서 빛이 발생하는 작은 점을 뚫어지게 바라보십시오. 그리고 빛이 움직이면 그 궤적을 종이에 그리십시오."라는 지시를 내린다. 실제로는 장치 안의 빛은 고정되어 있기 때문에 전혀 움직이지 않지만 어둠 속의 작은 빛을 뚫어지게 바라보고 있으면 그것이 마치 움직이는 것처럼 보이는 경우가 있다. 이 빛의 움직임의 크기나 움직이고 있는 시간을 측정해 두 가지 타입을 구분하는 것이다.

환경 의존적인 사람은 빛의 움직임을 거의 느끼지 못하고, 환경 독립적인 사람은 빛의 움직임을 풍요롭게 느낀다. 환경 의존적인 사람들은 어둠 속의 빛만 뚫어지게 바라보고 있는 것이 힘들어 빛 이외에 인지의 기준이 되는 배경을 찾기 위해 어둠 속을 두리번거린다. 어둠 속의 빛만으로는 불안감을 느끼기 때문이다.

한편, 환경 독립적인 사람은 조용히 빛만을 뚫어지게 바라볼 수 있다. 그리고 바라보고 있는 안구의 움직임이 최소한으로 줄어들어 빛에 거의 고정되었을 때, 안구의 작은 움직임이 마치 빛이 움직인 것처럼 착각한다.

환경 의존적인 사람은 외부 세계의 자극이나 객관적인 사물에 의지하기 위해 눈을 움직이지만, 환경 독립적인 사람은 자신의 내부에 존재하는 기준에만 의지하기 때문에 조용히 빛만을 응시할 수 있는 것이다. 이처럼 자신의 내면에 인지의 근거를 가지고 있는 사람은 외부 세계를 인지하는 방법이 다르다.

자립성과 독립성을 가진 사람은 이전과는 다른 방법으로 사물을 해석한다. 또한 내면에 확고한 기준을 가진 사람은 인간관계의 갈등이나 압력에 위협을 받지 않는다.

안정되고 평온해 보이거나 어딘가 자신감이 넘치는 사람을 대할 때에는 주변 사람들도 그에 대한 태도를 바꾼다. 그런 안정된 기준을 갖추면 지금까지 스트레스라고 느꼈던 똑같은 사건을 더 이상 스트레스로 느끼지 않는다. 주변의 사건에 휘둘리지 않기 때문에 같은 일을 처리하는 데 필요한 정신적, 신체적 에너지가 줄어들고 시간적인 여유도 갖게 된다.

자유로운 마음을 자각할 때 일어나는 일

주관성이 갖추어지면 일상생활로 돌아갔을 때 자신의 마음이 가벼워지는 것을 깨닫는다. 이 가벼움은 마음뿐 아니라 보다 구체적으로 신체적인 가벼움도 동반한다. 자신의 신체가 자유롭게 움직이는 감각이 깊어지면서 가벼움을 느끼는 것이다. 그것은 마음의 방황이 사라진 결과이기도 하다. 왠지 가슴을 짓누르고 있던 무거운 돌이 제거된 듯한 해방감을 맛본다.

자유는 자신이 얽매여 있던 무엇인가로부터 해방된 직후에 가장 강하게 느껴진다. 주관성을 확립했을 때 자신은 자신의 인생에 대해 자유롭다는 확신을 가진다. 이 감각이야말로 진정한 해방감이다.

이때 사람은 무엇으로부터 해방된 것일까? 그때까지 자신의 행동을 지배하고, 자신은 어떤 존재여야 하는지를 강요하고, 자유로운 마음의 움직임을 억압하고 있던 사회의 상식이나 인간관계나 자신에게 부과된 의무와 같은 모든 객관성이다. 또는 자신이 가야 할 길은 외부의 객관성이 정해주는 것이라고 믿고 있던 고루한 해석과 그것을 수용했던 자신, 고루한 해석에 의지하고 있던 자신일 수도 있다.

무엇으로부터 해방되었는지는 해방된 사람에게 물어보는 것이 가장 좋은 방법이다. 그는 자신을 얽매고 있던 과거의 올가미를 가장 잘 관찰할 수 있는 사람이다. 따라서 자신을 속박하고 있던 올가미가 어떤 것인가에 관해 가장 이해하기 쉽게 설명을 해줄 수 있을 것이다.

한편, 해방감을 느끼고 신체가 가벼워지면 새로운 것을 시작하고 싶어지는 경우가 많다. 신체의 피로가 충분히 제거되었을 때에 자유로워진 자신은 무엇인가 재미있는 것을 바랄 수도 있다. 숙면을 취한 다음 날 아침에 마음은 조용히 안정되어 있는 한편, 신체 내부에 가득 차 있는 충실감을 맛볼 수 있다. 마음이 해방된 감각은 그와 비슷하다. "자, 오늘 하루는 무엇을 하고 보낼까?" 하고 생각하는 것이다.

어머니에 대한 분노로부터 해방된 C씨는 몸도 마음도 가벼워졌다고 느끼고 갑자기 등산을 하고 싶다고 생각했다. 또 어떤 환자는 고민이 사라진 후, 걷는 것이 그토록 즐거운 일인지 몰랐다면서 매일 도시락을 싸들고 버스를 갈아타고서 도쿄의 공원을 찾아다녔다. 그들은 공통적으로 신체의 가벼움과 스스로 움직이고 싶어 하는 마음의 감각을 찾은 것이다.

또 해방감은 어린 시절로 돌아간 듯한 그리운 감각을 동반하는 경우가 있다. 성인이 된 이후에 잊고 있었던 과거의 자신을 되찾은 듯한 감각이다. 이때 어린 시절의 꿈을 꾸는 경우도 많다. 마흔 살이 넘은 어느 남성은 장난감과 관련된 꿈을 꿨다고 한다. 그는 어린 시절의 자신이 당시에는 일 년에 몇 번 가볼 수조차 없었던 시내의 장난감 가게 앞에 서서 기대감에 찬 눈길로 장난감을 바라보는 꿈을 반복적으로 꾸었다. 잠에서 깨어난 뒤에 "지금의 나라면 그 장난감 가게에는 언제든지 갈 수 있고 자유롭게 구입할 수 있는 돈도 있어."라는 생각에 어렴

풋이 기쁨을 느꼈다고 한다.

또는 어린 시절에 실현할 수 없었던 꿈을 좇아 아이 같은 행동을 보이는 경우도 있다. 내가 알고 있는 한 남성 간호사는 비행장에서 일하고 싶었던 어린 시절의 꿈을 기억해내고는 서른 살이 되기 전에 병원을 그만두고 지상 정비 전문학교에 들어갔다. 그는 그때까지 자신의 마음을 지배하고 있던 아버지의 그림자를 깨닫고는 아버지를 두려워했던 자신을 해방시킨 것이다.

신체 감각을 되돌리는 가장 쉬운 방법

해방감은 보다 구체적인 신체의 기능에도 영향을 끼친다. 사람이 정말로 깊은 곳에서부터 변할 때에는 일반적으로 정신적 변화와 함께 신체적 변화도 뒤따른다. 그때까지 어떤 이유로 억압하고 있던 신체의 기능이 해방되면서 이전보다 훨씬 효율적으로 움직일 수 있다는 사실도 깨닫는다. 지금까지 사용하지 않았던 기계의 스위치가 켜지는 듯한 감각이다. 신체가 가벼워졌다는 이야기도 그중 하나인데, 숙면을 취하게 되거나 식사를 즐기게 되거나 변비가 사라졌다는 식으로 신체의 기본적인 기능과 관련이 있는 변화는 자주 접할 수 있다.

수면과 섭식과 배설은 우리의 건강 수준을 평가할 수 있는 가장 중요한 지표다. 이러한 기본적인 기능들을 일상생활 속에서 자각할 수 있는 사람은 신체적인 건강 수준이 높은 사람이다. 대부분의 사람들은 가장 기본적인 신체 기능을 자신도 모르는 사이에 자각할 수 없게 되는 경우가 많다. 그것은 건강 수준이 내려갔다는 위험 신호다.

정신적인 건강을 되찾게 되면 수면, 섭식, 배설의 기능이 다시 올바르게 작동하는 경험을 한다. 숙면을 취한 다음 날 아침의 상쾌함, 식사 전의 건강한 공복감, 규칙적인 배변을 통한 가벼운 신체를 40~50대가 되어서도 느낄 수 있는 사람은 그리 많지 않을 것이다.

마음이 변화했을 때 신체도 동시에 변화한다는 것은 객관성 안에 살고 있는 사람들의 입장에서는 신기한 현상처럼 느껴지지만 주관성을 체득한 사람의 입장에서는 당연한 것으로 받아들여진다.

오감의 변화도 특징적이다. 1장에서 소개한 우울증이 치유된 A씨는 마음의 고민이 사라진 후, 초여름의 강한 햇살에 둘러싸인 가로수의 짙은 녹색 잎들을 밝은 마음으로 바라볼 수 있게 되었다. 또 어떤 사람은 전부터 좋아했던 CD를 다시 들어보았더니 지금까지 느끼지 못했던 멜로디가 들렸다고 말했다. 이전에는 흘려들어서 미처 알아채지 못했던 소리들을 새롭게 깨달은 것이다.

그런 경우 대부분 감각이 보다 정교해지고 예민해진 것이라고 볼 수 있다. 감정이나 지성 수준의 걸림돌이 제거되고 감각 수준의 덮개가 제거되었기 때문인지도 모른다. 또는 감각 기관을 만들고 있는 세포의 물질대사가 보다 효율적으로 이루어져 감각 자극의 역치(閾値: 생물이 반응을 일으키는 데 필요한 최소한의 자극의 세기)가 이전보다 내려감으로써 감수성이 증가했기 때문인지도 모른다. 또는 감각 입력을 처리하는 중추신경계의 소프트웨어가 재조합되어 지각(知覺)의 방식이 바뀌었기 때문인지도 모른다.

자기 확신과 타인과의 교류

자신의 주관성을 확립한 사람은 다른 사람과의 마음의 교류를 추구하게 되고 그것은 인생의 중요한 가치가 된다. 그들은 자신이 태어난 시대의 상대성을 이해한다. 개인의 인생은 오직 한 번뿐인 라이프사이클이며 본인의 입장에서는 절대적인 것이지만 어느 시대에 탄생하는지가 매우 중요한 의미를 가진다는 사실을 이해하게 된다.

우리가 이 시대에 탄생한 것은 단순한 우연이다. 나의 인생이 역사와 우연히 맞아떨어져 현재의 자신이 있다고 이해하는 것은 역사를 초월한 자신을 전제로 삼는 행위다. 자신에게 다른 우연이 발생했다면 미래에 태어났을지도 모른다. 그러나 자신은 어느 시대에 태어난다고 해도 바뀌지 않는다.

이런 자기 확신은 같은 시대에 태어난 타인에 대한 견해를 바꾸어준다. 출퇴근 시간에 전철에서 쏟아져 나오는 낯선 사람들의 무리를 보고 그들 각자가 자기 나름대로의 인생을 살아가고 있고 독창적인 주관성을 가지고 있으며 자신의 인생에 자신감을 심화시킬 수 있는 존재라고 생각할 수 있는 것은 그 자체만으로도 기쁨이다. 더불어 자신이 보고 있는 수많은 사람들 중의 몇 명은 자신보다 훨씬 전에 그 주관성을 달성했을 것이라고 생각할 때, 타인에 대한 끝없는 안도감과 친근감을 느낀다.

에릭슨은 발달의 최종 단계인 자아통합 단계에 이르면 다른 사람에게 자신과는 다른 라이프스타일이 존재한다는 사실을 인정하고 그 가치를 이해하게 된다고 보았다. 그와 동시에 비판이나 위협에 대해서는 자기 자신의 라이프스타일의 존엄을 끝까지 지켜낸다는 각오와 힘을 가지게 된다고 말했다.

주관성을 획득한 사람들 역시 인생의 다양성을 수용하고, 동시에 자신의 가치를 지키려 한다. 그러나 이 다양성의 수용은 최종적으로 다양한 가치 속에 공통적인 인간의 가치가 존재한다는 사실을 깨닫기까지의 짧은 단계에 지나지 않는다. 또는 서로 공통적으로 이해할 수 있는 가치를 느끼기 시작했기 때문에 다양성을 수용할 수 있는 것인지도 모른다. 어쨌든 공통적 이해의 가치를 느낄 수 있기 때문에 같은 시대와 사회에서 살고 있는 사람들에 대한 친밀감이 자연스럽게 끓어오르는 것이다.

자아와의 만남을 체험한 사람이나 인생 후반기에 새로운 해석을 획득한 사람의 입장에서 볼 때의 남은 인생은 풍요로운 여생이다. 여생이라는 의미는 타인이나 사회 같은 외부로부터 부과되는 의무가 전혀 없음과 동시에 자신이 스스로에게 부과하는 의무도 없다는 뜻이다. 자신이 원하는 대로 시간을 자유롭게 즐길 수도 있으니 사물에 얽매일 필요도 없다. 다른 사람과의 교류도 인생의 커다란 즐거움이다.

이런 자세는 임사 체험을 한 사람의 삶과 공통되는 부분이 있다. 임사 체험이란 죽음의 위기, 또는 짧은 시간 동안 죽음을 체험한 사람이 살아 돌아왔을 때에 저세상에는 '천국'이 존재한다고 믿게 되는 확신이다. 그런 사람은 천국을 체험한 경험을 통해 죽음을 초월한다. 그 결과 인생이 풍요로워진다. 임사 체험 전후의 변화는 그 사람에게 있어서 결정적인 가치 전환이다. 그 이후 세상에 즐거움만 있다면 좋은 여생이 될 수 있는 것이다.

나는 사후 세계가 있는지 생각해볼 수 있는 재료를 전혀 가지고 있지 않지만 만약 임사 체험에 의해 '천국'이 있다는 확신을 가진다면 그 후의 마음의 움직임을 어느 정도 상상할 수 있다. 아마 현실에 목매어 안달하지 않고 인생을 즐기려 할 것이다. 아마 타인에 대한 배려나 타인과의 교류가 돈이나 명예보다 훨씬 더 중요하다고 생각할 것이다.

나는 지금까지 두 명의 임사 체험 경험자를 만난 적이 있다. 정신과 의사로서의 나의 관찰에 의하면 그 사람들에게서 믿음이라는 좁은 시야나 자기현시라는 동기를 발견하지는 못했다. 쉰 살과 예순 살을 넘긴 그들에게는 괴이한 현상을 자랑할 이유도 없었을 것이다. 그들은 그야말로 담담하게 객관적으로 자신들의 체험을 이야기해주었다.

쉰 살이 넘은 남성의 임사 체험은 꽃밭이었다. 그곳에는 아름다운 꽃이 흐드러지게 피어 있고 깨끗한 개울이 흐르고 있었다. 꽃들의 키는 본인의 무릎 근처였고 바람이 불 때마다 꽃잎들이 맨다리에 부딪혔다. 그 감촉이 분명하게 남아 있다고 말했다. 그는 그 체험을 한 이후 일상생활에서의 변화도 이야기해주었다.

그의 집 앞에 뻗어 있는 길에는 비가 내리는 여름날 아침이면 수많은 개구리들이 기어 나온다고 한다. 그는 자동차를 몰고 지나가려 할 때 혹시라도 그 개구리들을 치는 것은 아닌지 늘 걱정이 되어 대나무 빗자루로 개구리들을 길에서 쫓아냈다. 아내는 굳이 그렇게까지 할 필요가 뭐가 있느냐고 말했지만 그는 역시 걱정이 되어 그렇게 해야 마음을 놓을 수 있었다. 그러다 임사 체험을 하고 난 후 일상생활이나 인생의 걱정에서 완전히 자유로워졌고 그 결과 이웃 사람이나 동물, 식물에 대한 애정이 이전과 비교할 수 없을 정도로 훨씬 더 증가했다고 말했다.

내가 만난 두 사람은 모두 사후의 '천국'을 확신하고 있었다. 그것은 믿고 안 믿고의 수준이 아니라 온전하게 그들의 체험이었다. 그중 한 명이 들려준 말이 내겐 무척 인상적이었다. 그는 남의 일처럼 담담하게 이렇게 말했다.

"이 세상에서 살아가려면 먹고살기 위해 일을 해야 하지요. 이것은 구조이니까 어쩔 수 없다고 생각합니다. 하지만 그것도 역시 저 나름대로의 즐거움입니다."

지금까지 주관성을 획득하고 자신과 세상에 대해 '새로운 해석'을 내린 사람들에게 발생하는 일상생활의 변화에 관하여 설명했다. 그러나 여기에서 소개한 객관성이나 자립성, 자유, 신체 기능, 사람들과의 교류 등은 그 변화의 극히 일부에 지나지 않는다. 실제로는 훨씬 더 많은 변화들이 발생하고 있을 것이다. 우리는 그것을 아직 모르고 있을 뿐이다.

마흔 살이 넘어 완전히 새로운 연구 생활을 시작해 세계적으로 유명해진 연구자가 있다. 예순 살이 넘어 그림을 그리기 시작해서 유명 화가가 된 사람이 있다. 쉰 살이 되어 비로소 원하는 생활을 시작한 사람이 있다.

신문 기사만 봐도 성인이 된 이후에 사람이 바뀌는 모습들을 얼마든지 확인할 수 있다. 실제로는 그 수천 배, 수만 배나 되는 사람들이 지금도 끊임없이 바뀌고 있을 것이다.

7장

절망에서 희망을 발견하는 법

자신과의 거리감을 느끼는 순간은 우리의 일상생활 속에서 거의 매일 발생한다. 그러나 일상생활에 너무 익숙해져버리면 그 중요한 순간을 놓쳐버리는 경우가 많다. 단, 그 순간을 느낄 수 있다면 그것은 낡은 해석을 바꾸고 새로운 주관성에 가까이 다가갈 수 있는 기회가 될 수 있다. 이것은 인생을 바꿀 정도의 거대한 사건은 아닐 수도 있다. 보잘것없는 해석 변경과 사소한 자기 변화일 수도 있다. 그러나 자신을 바꾸어가는 메커니즘은 모두 비슷하다. 그리고 자신을 바꿀 수 있는 기회는 어디에서나 발생할 수 있다.

하루에 새로운 해석 한 가지씩 하기

새로운 주관성에 다가갈 수 있는 기회

일상생활을 하다 보면 문득 자신과의 거리를 느낄 때가 있다. 예를 들어, 어떤 토론에서 사람들은 자신의 의견은 이렇다고 주장하거나 자신은 이렇게 생각한다고 설명하거나 상대방의 의견은 잘못되었다고 비판한다. 또는 타인의 방식을 바꿔야 한다고 조언하기도 한다. 그러나 나중에 다시 진지하게 생각해보면 그 당시에 자신이 정말로 그렇게 생각했던 것인지 자신감이 사라지면서 상대방의 의견에도 올바른 부분이 있다고 반성하는 경우가 종종 있다.

일반적으로 자신의 생각을 주장하거나 상대방을 비판할 때에는 자신이 분명하게 존재하는 듯한 느낌이 들지만 나중에 가만히 생각해보면 지나치게 자기주장만 내세웠다는 생각에 당시의 자신이 자기답지 않았다고 반성하기도 한다. 자기 주장을 강하게 내세웠던 자신은 진정한 자신으로부터 떨어져 있는 자신이었다. 반면 당시에 토론했던 내용을 침착하게 되새기고 있는 현재의 자신은 그보다 훨씬 진정한 자신에 가깝다.

이처럼 우리는 자신이 자기답다고 느낄 때와 자기답지 않다고 느낄 때가 있다. 누구나 경험하는 감각이다. 사람은 진정한 자신으로부터 멀어지기도 하고 가까워지기도 하면서 일상을 보내고 있다.

자신과의 거리감을 느끼는 순간은 우리의 일상생활 속에서 거의 매일 발생한다. 그러나 일상생활에서 이런 거리감이 너무 익숙해져버리면 그 중요한 순간을 놓쳐버리는 경우가 많다. 그 순간을 느낄 수 있다면, 그것은 낡은 해석을 바꾸고 새로운 주관성에 가까이 다가갈 수 있는 기회가 될 수 있다. 자신과의 거리가 곧 해석의 차이를 나타내기 때문이다.

자신과 타인을 이해할 수 있는 기회

사람은 좀처럼 자기 자신으로부터 벗어나지 않는다. 만약 자신으로부터 잠깐이라도 벗어날 수 있고 외부에서 객관적으로 자신을 바라볼 수 있다면 자신의 단점이나 장점, 또는 다른 사람에게 자신이 어떤 평가를 받고 있는지 분명하게 확인할 수 있다.

자신과 자신을 둘러싸고 있는 세상을 영화의 한 장면처럼 외부에서 바라볼 수 있다면 정말 재미있다. 다른 사람에게 칭찬을 받았을 때 나는 어떤 표정을 짓고 있을까? 내가 아침에 출근했을 때 동료들은 어떤 반응을 보일까? 또 혼자 번화가를 걷고 있을 때의 내 모습은 어떻게 비쳐질까?

기본적으로 사람은 자신에게서 떨어질 수 없다. 반대로 사람은 자신과 진정한 하나가 될 수도 없다. 자신과 하나라고 생각하면서 사실은 자신과 떨어져 생활하는 경우가 많다. 자신과 떨어져 있는 그 거리는 평소의 생활에서는 좀처럼 느껴지지 않는다. 그렇기 때문에 우리는 떨어져 있다는 것조차 깨닫지 못하고 살아간다. 오랜 세월 동안 변화가 없었던 자신과의 거리에 익숙해져 있기 때문이다.

그러다 어떤 계기에 의해 그 거리가 좁혀졌을 때 비로소 자기 자신이 자신으로부터 떨어져 있었다는 사실을 깨닫는다. 그럴 때에 자신을 돌이켜보면 비로소 과거에 떨어져 있던 자신과의 거리가 보이고 자기도 모르는 사이에 익숙해져서 전혀 확인해본 적이 없었던 낡은 해석이 보이기 시작한다.

자신에게서 떨어져 있던 자신은 자신보다 늘 앞서가던 자신이거나, 자신 이외의 존재를 자신이라고 믿고 있던 자신이거나, 자신을 자신 이외의 존재로 지탱할 수밖에 없었던 자신이거나, 자신을 타인에게 맞추는 데에만 집중했던 자신이다.

그런 식으로 자신에게서 떨어져 살고 있는 우리는 현실적인 자신과 동떨어진 낡은 해석을 통해 자신과 세상을 이해하게 되고 그 어긋난 해석 때문에 좀처럼 자신에게 다가가지 못한다.

만약 일상생활에서 자신과의 거리를 느낄 수 있다면 그것은 낡은 해석을 재검토할 수 있는 좋은 기회라고 생각해야 한다. 한 번쯤 자신으로부터 벗어나 자기답지 않았던 자신을 돌아보고 마음이 무엇을 원하는지 그 순수한 움직임에 귀를 기울인다면 틀림없이 새로운 해석이 보일 것이다.

진짜 자신과의 거리를 좁히는 방법

현재를 살아간다

지금부터 다양한 계기에 의해 자신과의 거리를 깨닫고 그것을 기회로 삼아 고루한 해석을 새롭게 바꾼 사람들의 이야기를 소개하겠다. 인생을 바꿀 만큼 거대한 사건이 아닐 수도 있다. 보잘것없는 해석 변경과 사소한 자기 변화일 수도 있다. 그러나 자신을 바꾸어가는 메커니즘은 모두 비슷하다. 그리고 자신을 바꿀 수 있는 기회는 어디에서나 발생할 수 있다.

간호사인 E씨에게는 초등학생이 되는 두 명의 자녀가 있다. 남편과 맞벌이를 하는 그녀는 3교대 근무를 하며 격무에 시달렸다. 병원에서는 끊임없이 밀려드는 환자들을 응대하고 간호 기록을 기재하는 일에 쫓겨야 했고, 가정에서는 가사와 육아에 쫓겨야 했다. 그리고 바쁜 시간을 쪼개어 간호 연수를 받거나 스터디 모임에 참석해야 했기 때문에 시간은 늘 부족했다. 늘 그녀의 머릿속은 다음 스케줄로 가득 차 있었다.

그런 그녀가 바쁜 일상 속에서도 짬을 내어 병원의 강연회를 듣고 난 후 자신과의 거리를 깨달았다. 강연의 주제는 '자기 실현'이었다. E씨는 평소의 습관대로 강연이 시작되기 전부터 끝난 이후의 자신의 스케줄을 생각하고 있었다. 그리고 강연이 제시간에 끝날 것인지 걱정하는 마음으로 시계를 들여다보던 그녀는 자기도 모르게 강사의 이야기에 귀를 기울이고 있었다.

"자기실현을 이룬 사람은 어떤 경우에도 자신의 행동을 납득합니다. 여러분은 어떻습니까? 지금, 여기에서, 저의 강연에 참가했다는 사실을 납득하십니까? 이 강연회에는 의무나 인간관계 때문에 참석한 분도 있을지 모릅니다만 최종적으로 이 강연회에 참석하겠다고 자신의 행동을 정한 것은 결국 여러분 자신입니다."

습관적으로 자신의 손목시계를 들여다보던 그녀는 '지금, 여기에서, 납득…'이라는 말이 머릿속에서 맴돌기 시작했다. 그리고 이내 자신과의 거리를 깨달았다.

"나는 '지금' '이곳'에 있는 자신을 납득할 수 없다. 항상 다음 일만을 생각하고 있다. 그리고 언제부터인가 나는 시간이 부족하다는 사실을 원망하고 있다. 이 강연회도 내가 원해서 참가한 것이지만 왠지 모르게 참석하는 데에 의무감마저 느끼고 있다. '지금', '여기에' 있다는 것에 대해 나 자신은 정말 납득하고 있는 것일까?"

그녀는 이전에 전혀 흥미가 없는 간호 연수에 참석해야 했던 일을 기억해냈다. 그때는 '명령 때문에 참석해야 하는 것이니까 어쩔 수 없어. 사실은 내 일을 처리하고 싶었는데…'라고 생각하면서 연수에 참가했다. 게다가 듣고 싶지도 않은 강연을 들어야 했다. 아까운 시간이었다. 자신이 불행한 것은 참석을 명령한 상사 때문이라고 생각했다. 빨리 강연이 끝났으면 좋겠다고도 생각했다. 할 일이 산더미처럼 쌓여 있는 것이 떠올랐다. 이것이 끝나면 빨리 일을 처리해야 한다고 다짐했다. 그런 식으로 마음은 늘 다음 일만 생각하고 있었다.

만약 그때 자신이 다음 일만 생각하지 않고 그 순간의 자신을 느낄 수 있었다면 그렇게 기분 나쁜 시간을 보내지는 않았을 것이다. 듣고 싶지 않은 강연이라면 낮잠이라도 자면 좋았을 것이고 몰래 소설을 읽을 수도 있었다. 아까운 시간을 쓸모없이 낭비한 것은 결국 자기 자신인지도 모른다.

혹시 그녀 자신은 당시의 연수 때처럼 늘 다음 일만 생각하면서 살고 있었던 것은 아닐까? 무엇을 하더라도 늘 끝난 이후의 다른 일만 생각하면서 살고 있었던 것은 아닐까? 항상 몸은 그곳에 있었지만 마음은 다른 미래를 살고 있었던 것 같은 느낌이 들었다. 그렇게 생각했을 때 그녀는 새로운 자신을 만들기 시작했다. 며칠이 지나서 나름대로 정리한 생활의 방침은 다음과 같은 것이었다.

1. 아무리 바빠도 시간은 내 것이며 결정권은 내게 있다.

2. 하지 않으면 안 되는 일과 하고 싶은 일을 구분한다.

3. 아이들과 자신들을 위한 생활비를 버는 것은 무슨 일이 있어도 해야 하는 일이다.

무슨 일이 있어도 해야 하는 일 이외에는 설령 스케줄을 예정대로 소화하지 못하더라도 나와 내 가족에게 피해가 가지 않는다는 사실을 절대로 잊지 말자. 그렇게 생각을 하자 그녀는 자신이 하고 싶은 일에 소비할 수 있는 시간이 뜻밖에도 꽤 많다는 사실을 깨달았다. 자신이 하고 싶은 일은 언제 그만두어도 상관없고 그만두고 싶지 않으면 지속하면 된다. 그것은 자신만의 시간이다. 자신의 시간은 자유롭게 사용해도 좋은 시간이다. 그 시간을 미래를 위해 희생할 필요는 없다. 사용할 수 있을 때 마음껏 사용하는 것이다.

늘 앞일만 생각하는 것보다는 자신만의 시간을 가질 때 훨씬 더 효과적으로 시간을 사용할 수 있다. 그녀는 두뇌 전환이라는 것을 배웠다. 쉽게 말해 이제부터 한 시간 동안 이것에만 몰입한다고 정하고 그 이외의 일은 잊어버리는 단념을 의미한다. 그러한 단념의 마음을 갖출 수 있었던 것은 자신이 정한 예정대로 인생이 진행되지 않는다는 사실을 깨닫게 해준 그때까지의 경험이 있었기 때문이다. 그렇다면 안달하고 걱정해도 소용이 없다. 시간을 더욱 자유롭게 사용해야 한다.

그녀는 바빠서 정신이 없을 때 자신이 정한 생활의 방침을 떠올리고 크게 심호흡을 했다. 그러면 신체의 긴장이 풀리고 시간의 흐름이 바뀌었다.

운명의 흐름을 이해한다

서른아홉 살의 알코올 의존증 환자인 F씨는 지금까지 몇 번이나 금주를 맹세하고 그때마다 보험 수급을 통해 입원 치료를 받았고, 몇 번이나 실패를 되풀이했다. 가족, 집, 재산을 잃고 외톨이가 된 지도 오래되었다. 술이 모든 문제의 원인이었다.

몇 번이나 금주를 결심하고 올바른 생활을 하려고 했지만 알코올 의존증이라는 질병은 잠깐의 방심만 해도 다시 술을 찾게 만든다. 한번 술을 입에 대면 몇 주일 동안 '연속 음주 발작'이라고 불리는 증상에 빠져들어 그야말로 퍼붓듯 술을 마셔서 몸과 마음이 모두 엉망이 되어버린다.

그러나 나는 F씨와의 상담을 통해 이번 실패가 마지막이 될 것이라고 기대하고 있다. 이전과는 달리 그가 자신의 실패에 대해 다른 해석을 시작했기 때문이다.

엉망이 된 몸을 이끌고 F씨가 외래로 방문했을 때 그는 그때까지와 달리 자신의 실패를 반성하지 않았다. 성실하게 반성하는 모습보다 반성을 하지 않는 모습이 왠지 훨씬 그다워 보였고 생기가 있어 보였다. 그뿐 아니라 자신의 실패에 관하여 이야기하는 말투에서는 자신감마저 느껴졌다.

나는 그가 진정한 자신에게 한 걸음 더 가까이 다가갔다고 생각했다. 그는 자신의 새로운 해석에 관해 이렇게 이야기했다.

"그때 왜 제가 술을 마셨는지 잘 모르겠습니다. 하지만 분명한 것은 지금까지와는 달리 그렇게 될 수밖에 없었다는 생각이 떠올랐다는 것입니다. 한편으로는 실패가 저의 책임이므로 더욱 반성해야 한다는 생각도 들었습니다. 하지만 제 실패는 그때 제 의지가 약했다거나 의욕이 없어서가 아니라 몇 개월 전부터 준비되어 있었던 것 같은 느낌이 듭니다. 거대한 폭풍우 같은 것에 의해 어쩔 수 없이 술을 마실 수밖에 없었다는 생각이 듭니다. 그래서 이번 실패는 스스로를 책망해도 소용이 없을 뿐만 아니라 저의 작은 능력으로는 어쩔 수 없는 것이었다는 느낌이 듭니다. 저는 저 자신과 술을 컨트롤할 수 없는 사람입니다. 저는 정말 무력한 사람입니다."

약 한 달에 이르는 연속 음주 발작 이후 그는 스스로 술을 끊고 물과 주스만으로 일주일을 보냈고, 3주일째에 외래로 병원에 방문했다. 몸은 엉망이었지만 입원하고 싶다는 말은 끝까지 하지 않았다.

그의 해석은 크게 바뀌어 있었다. 그는 고루한 해석으로는 스스로 술을 끊을 수 있다고 생각했다. 그렇기 때문에 몇 번이나 결심을 하고 금주를 했다. 피를 토하는 듯한 고통도 몇 번이나 경험한 것을 보면 그 결심에 결코 거짓은 없었다. 그는 맹세를 했고 자신의 욕구를 억제하고 자신을 컨트롤해서 금주를 완수하겠다는 마음으로 매번 최선을 다했다.

그러나 그때마다 금주는 실패했다. 실패는 그에게서 후회와 반성을 이끌어냈고, 나아가 강한 결의를 내비치는 그럴듯한 말들을 찾아냈다. 하지만 정작 그 자신을 바꿀 수는 없었다. 실패한 뒤에 스스로를 책망하고 반성하는 것은 그의 바뀌지 않는 성격이었다.

그런데 그가 찾은 새로운 해석에서는 금주를 불가능한 것으로 생각한다. 술 마시는 것을 자신의 운명의 일부로 보았다. 따라서 금주를 하는 것은 운명을 바꿀 정도로 어렵다는 것을 인정했다. 그는 자신이 처한 운명의 흐름을 본 것이다. 저항하기 어려운 강력한 힘에 휘둘리고 있다고 생각한 것이다. 그렇기 때문에 반성은 소용없는 행위라고 생각했다.

반성하지 않게 된 것은 위대해졌기 때문도, 불손해졌기 때문도 아니다. 자신에게 가까이 다가갔기 때문이다. 반성하지 않게 된 것은 자기 자신에게 한 걸음 더 다가가는 진보였다.

나는 반성하지 않게 된 알코올 의존증 환자는 치유될 수 있다고 생각한다. 그 정도로 이 질병은 뿌리가 깊으며 자신을 바꾸지 않고는 절대로 치유할 수 없는 질병이다. 희망적인 이야기를 전하자면, F씨는 지금 입원도 하지 않은 상태에서 무사히 금주를 이어가고 있다.

자신을 억누르지 않는다

술을 마시면 갑자기 큰 소리를 내기 시작하고 인품이 변하는 사람이 있다. 이것은 중추신경계에 영향을 미치는 알코올이라는 약물이 일으키는 효과다. 알코올은 대뇌 피질을 마비시키는 약리 작용을 한다. 술을 마시고 자신을 억제하지 못하는 것은 대뇌 피질이 마비된 결과로 이성이 억제되면서 늘 억눌려 있던 진심이 튀어나오는 것이다. 이때 평소에는 볼 수 없는 자신이 얼굴을 내민다.

따라서 술에 취한다는 것은 자신과의 거리를 다시 확인하는 데에도 좋은 기회다. 술에 취해 있을 때의 자신과 술에 취하지 않았을 때의 자신 중에서 어느 쪽의 자신이 더 좋은지 관찰해보면 재미있다. 양쪽이 모두 좋다면 술을 취했을 때나 그렇지 않았을 때나 자신과의 거리가 같다. 그런 사람이 마시는 술은 건강한 술이다.

술에 취해 자기도 모르게 잠이 들어버리는 사람은 술에 매우 정직한 뇌를 가지고 있는 사람이다. 이 사람은 술에 취해 있는 자신이 밉지 않다. 순수한 반응이기 때문이다. 술에 취해 말이 약간 많아지고 기운이 약간 넘치는 사람, 하고 싶은 말을 하면서 대화를 즐길 수 있는 사람도 자신이 밉지 않다. 이런 사람들은 멀쩡한 자신과 술에 취한 자신을 모두 자신이라고 생각할 수 있는 '건강한' 주당이다.

술에 취한 자신은 싫고 멀쩡한 자신이 좋다면 두 가지 자신의 거리가 다르다는 뜻이다. 그런 사람은 멀쩡한 상태로는 할 수 없는 험담을 술에 취해 내뱉고서 다음 날 후회한다. 험담을 한 자신을 미워한다. 또는 다른 사람으로부터 미움을 받는 것은 아닐지 걱정하면서 자신을 미워한다. 술에 취해 지나치게 들뜬 행동을 하는 자신도 싫어한다. 술에 의해 자신의 인격이 변해버렸다는 사실을 용서할 수 없기 때문이다. 다른 사람들에게 자신의 속마음을 들킨 것 같아 자신이 더욱 싫어진다.

이런 사람들은 두 가지의 자신을 가지고 있으며 그 차이가 진정한 자신과의 거리다. 이 거리가 지나치게 멀면 알코올 의존증에 걸리기도 한다. 어느 쪽이 더 자기다운 존재인지는 한마디로 말할 수 없다. 보통 알코올 중독자는 멀쩡할 때에는 술에 취해 있는 자신을 미워하고, 술에 취해 있을 때에는 멀쩡한 자신을 미워하기 때문이다.

정리해서 말하자면, 술에 취해 진심을 드러내고 상사의 험담을 하는 자신과 진심을 억누르고 회사의 인간관계에 적절하게 맞추고 있는 자신, 그 양쪽을 모두 미워하는 것이 알코올 중독자의 본심인 경우가 많다. 따라서 좀 더 자신에게 가까운 자신은 양쪽을 미워하는 자신이다. 그런 자신을 깨닫기 시작했을 때 알코올 중독자의 자기 변혁이 시작된다.

그러나 분명 쉽지 않은 일이다. 그들은 멀쩡한 자신과 술에 취한 자신 사이를 왕복하느라 다른 부분에 신경을 쓸 여유가 없기 때문이다. 사실은 자신을 미워하고 있는 진정한 자신이 그곳에 존재하지만 멀쩡할 때에는 술에 취해 있는 자신을 미워하고 술에 취해 있을 때에는 멀쩡한 자신을 미워하는 데에만 정신이 팔려 있기 때문에 양쪽을 모두 미워하는 진정한 자신을 깨닫지 못하는 것이다.

이러한 세 가지 자신의 차이는 미묘하다. 어떤 계기에 의해 그 미묘한 차이를 깨달으면 알코올 중독자는 자신을 바꾸기 시작한다. 만약 깨닫지 못하면 알코올 중독자는 진정한 자신이 아닌 거짓 자신이 또 하나의 거짓 자신을 미워하는 공전을 거듭할 뿐이다.

대체로 알코올 중독자들을 보면 상사로부터 부탁받은 일은 거절하지 못하는 착한 사람인 경우가 많다. 주변 사람에게는 늘 웃음을 보이고 미소를 잃지 않으려고 한다. 또 항상 상대방의 의향에 맞추어 자신을 억누른다. 그러나 일단 술이 들어가기 시작하면 대담한 말을 꺼내 상사나 동료들을 비난하기 시작한다.

"두고 봐, 언젠가 나도 사장이 되면 그런 녀석은…."

"회사가 무슨 필요가 있어. 멍청이들만 모여 있는데…."

늘 자신을 억누르면서 "언젠가는 나도…."라고 생각했던 불만이 술에 취했을 때에 쏟아져 나오는 것이다. 그런 사람에게 있어서 멀쩡한 현재는 늘 자신의 거짓된 모습이고 언젠가 기회가 찾아올 때까지 자신을 억제하는 시간에 해당한다. 지금은 그저 그날을 위한 준비를 하는 시기에 불과하다.

즉, 알코올 중독자에게 있어서 현재는 늘 자신의 진정한 욕구를 억누르고 언젠가를 위해 존재한다. 하지만 그 언젠가는 자신을 바꾸지 않는 한 결코 찾아오지 않는다.

내가 먼저 바뀌면 타인도 바뀐다

한 어머니가 자신을 되찾게 되어 아들의 행동이 바뀐 경우도 있다. 어느 날 아침, 초등학교 5학년인 아들은 여느 때와 마찬가지로 어머니가 깨우는 소리에 간신히 이불 속에서 나왔다.

그리고 시계를 확인한 뒤에 당황해서 그날 수업에 필요한 준비물들을 가방에 채워넣기 시작했다. 어머니도 출근을 해야 했기 때문에 빨리 아들을 등교시키고 싶은 마음에 옆에서 잔소리를 하면서 재촉했다. 집을 나서야 할 시간이 임박하자 여느 때와 마찬가지로 아들과 어머니는 초조한 마음에 사로잡혔다. 아들은 플루트가 보이지 않는다고 큰 소리로 짜증을 부렸다.

하지만 어머니는 벌써 몇 년 전부터 아들에게 다음 날 등교 준비는 잠들기 전에 끝내라고 말해왔다. 아들은 늘 대답은 잘했지만 지금까지 한 번도 준비를 해두고 잠든 적이 없었다.

몇 년 동안 바뀌지 않았던 아들의 행동이 갑자기 변한 것은 어머니가 아들과의 거리를 깨달은 이후부터다. 아들에게 자신이 지나치게 가까이 다가가 있다는 사실을 깨달은 어머니는 아들로부터 약간 떨어지기로 했다. 조금 더 정확하게 말하자면, 어머니가 좀 더 강해져서 아들로부터 떨어져 혼자가 될 수 있었던 것이다.

그녀는 어느 날 저녁 아들과 진지하게 대화를 나누었다. 그리고 아들에게 말했다. 앞으로는 아침에 스스로 일어날 것, 등교 준비는 스스로 알아서 할 것, 설령 지각을 해도 책임지지 않겠다고 했다. 아들은 여느 때처럼 건성으로 대답했다. 여느 때의 잔소리와 내용이 크게 다른 점이 없었기 때문에 엄마가 이번에는 조금 진지하다고 생각했을 뿐이다.

다음 날 아침, 아들은 전과 마찬가지로 좀처럼 일어나지 않았다. 한편, 그날 아침 30분 동안 어머니는 마음속으로 자신과 싸우고 있었다. 지금 깨우지 않으면 아들이 지각할 것이라는 생각에 초조해지기 시작했고 정말 깨우지 않아도 되는 것인지 불안했다. 자신이 일을 나갈 준비를 하면서도 마음 한편에는 일어나지 않는 아들에 대한 걱정으로 가득 차 있었다. 하지만 몇 번의 심호흡을 하고 "그래. 버릇을 고치려면 내가 참아야 돼." 하고 스스로를 격려했다.

이때 그녀는 자신이 지금 무엇을 하고 있는 것인지 되돌아볼 수 있었다. 그리고 이것은 자신과 아들의 문제가 아니라 자기 자신의 문제라는 사실을 자각하기 시작했다. 언제나 아들에게 스스로 일어나라고 말해놓고 다음 날 아침이면 자신이 어김없이 깨워주고 있었던 것이다. 결국 아들이 어머니와의 약속을 지키지 않은 것이 아니라 자신이 먼저 약속을 지키지 않은 것이었다. 어머니는 오랜 세월 동안 이어져온 아들의 문제 때문에 비로소 자신의 내부에 존재하는 자신과의 거리를 깨달았다.

그날 아들은 10분 늦게 집을 나갔고 예상대로 학교에는 지각했다. 그날 저녁 아들은 다음 날 등교 준비를 미리 해두고 잠자리에 들었다. 다음 날 아침에도 늦잠을 자기는 했지만 미리 준비를 해둔 덕분에 정각에 집을 나설 수 있었다.

일상생활에서 우리는 매일 자신과의 거리를 느끼는 순간을 다양하게 경험한다. 반성, 자기혐오, 꺼림칙함, 초조감, 불안, 불안정, 또는 자신은 늘 같은 짓을 되풀이하고 있다는 후회⋯. 이것들은 모두 마음의 순수성이 자신과의 거리를 감지해서 알려주는 메시지다.

이 메시지를 깨닫는다면 그때 나타난 다른 자신 중에서 스스로를 긍정할 수 있는 자신, 스스로를 칭찬할 수 있는 자신, 비참하게 만들지 않는 자신, 상쾌한 자신, 즉 긍정적인 자신을 찾아내면 된다. 그것이 진정한 자신에 가까운 자신이다. 아무리 생각해도 그런 자신을 발견할 수 없다면 발견하려고 노력하는 자신이 진정한 자신과 가장 가까운 자신이다.

운명은 내가 모르는 장소에서 나의 인생을 결정하며, 나 자신을 바꾸고 싶다는 나의 희망을 파괴하고 나의 자유를 제한한다. 그것 역시 우리 앞에 버티고 서서 비켜주려 하지 않는다. 그런데도 사람은 정말 바뀔 수 있을까?

만약 나의 의지가 운명 안에 모두 갇혀 있지 않고 운명으로부터 벗어나 운명을 이해하고 운명을 바꿀 수 있는 힘을 가지고 있다면 나는 자신을 바꿀 수 있다.

사람은 자신의 운명을 바꿀 수 있는가

운명과 나의 의지에 관하여

객관성이란 자신의 생각이나 기분으로는 바꿀 수 없고 자신과는 동떨어진 독립된 작용을 가리킨다. 우리는 공상 속에서 슈퍼맨이 되거나 부자가 되거나 자유자재로 생각할 수 있다. 공상의 내용은 자신의 생각이나 욕구나 기분으로 자유롭게 바꿀 수 있다. 그렇기 때문에 공상은 나의 주관적인 것이다.

그러나 현실 세계에서는 슈퍼맨이 되어 하늘을 날아다닐 수는 없다. 만유인력의 법칙이라는 객관적인 힘이 작용하기 때문이다. 내가 하늘을 날아다니려 해도 만유인력의 법칙에 의해 땅에 떨어져버린다. 또 간절히 원한다고 해서 갑자기 부자가 될 수는 없다. 한 나라의 경제 법칙이라는 객관적인 힘이 작용하고 있기 때문이다. 돈은 경제 메커니즘에 의해 모일 곳에 모이고 모이지 않는 곳에는 모이지 않는다.

이처럼 자신의 능력으로 바꿀 수 없는 것, 우리를 벗어나 독립적으로 움직이는 것, 그것이 객관성이다. 즉, 객관성이란 우리의 의지와는 독립적인 자연의 법칙, 경제의 움직임 같은 것이다.

객관성을 나의 인생에 비추어 생각해보면, 그것은 나의 의지와는 독립적으로 나의 미래를 결정하는 힘, 나의 운명이다. 우리가 운명을 생각하는 행위는 자신이 깨닫지 못하는 사이에 무엇인가 필연적인 힘에 의해 자신이 움직이고 있었다는 느낌을 동반한다. 운명은 자신의 의지와는 관계없이 독립적인 무엇인가—신일 수도 있고 물리 법칙 같은 객관적인 법칙일 수도 있다—에 의해 미리 정해져 있는 인생의 코스다.

객관성은 우리의 주관성 앞을 가로막고 우리의 희망을 파괴하며 우리의 자유를 제한하는 것이다. 그것은 우리 앞에 버티고 서서 비켜주려 하지 않는다.

운명은 내가 모르는 장소에서 나의 인생을 결정하며, 나 자신을 바꾸고 싶다는 나의 희망을 파괴하고 나의 자유를 제한한다. 그것 역시 우리 앞에 버티고 서서 비켜주려 하지 않는다.

그런데도 사람은 정말 바뀔 수 있을까? 이 문제에 대답하려면 '운명=객관성'과 '나의 의지=주관성'이라는 두 가지의 관계를 밝혀야 한다.

만약 운명이라는 객관성이 의지라는 주관성의 앞을 가로막고 있다면 우리의 인생에는 자유라는 것이 사라져버린다. 우리는 객관적인 법칙을 따를 뿐 스스로 자신의 미래를 결정할 수 없다. 스스로 자신을 바꾸고 싶다고 생각해도 뜻대로 되지 않는다. 운명이라는 객관성이 우리의 인생을 정하기 때문이다.

또 반대로 만약 나의 의지라는 주관성이 운명이라는 객관성 안에 모두 갇혀 있지 않고 운명으로부터 벗어나 운명을 이해하고 운명을 바꿀 수 있는 힘을 가지고 있다면 나는 자신을 바꿀 수 있다.

사람은 자신을 바꿀 수 있을까? 그것은 주관성과 개관성의 관계에 따라 결정되는 것이다. 내가 이 책의 마지막 부분에서 생각해보고 싶은 것은 이 두 가지의 관계다.

절망할 수 있는 사람은 절망을 초월한다

우리는 운명을 바꿀 수 없는가

나의 자유로운 의지와 나의 의지로 바꿀 수 없는 운명은 서로 어떤 관계가 있을까?

인생에는 스스로 결정할 수 없는 것들이 많이 있다. "나는 좀 더 부잣집에 태어나고 싶었는데…", "나는 좀 더 예쁘게 태어나고 싶었는데…"라고 생각하지만, 자신의 의지와는 동떨어진 장소에서 정해진 운명을 발견하지 않는가? 자신이 모르는 동안에 결정된 것, 그것이 바로 운명이다.

그러나 운명이라는 인생의 필연성만을 생각하면 인생에서

자신의 의지나 선택의 여지라는 것이 사라져버린다. 그렇다면 인생에는 그것을 스스로 선택할 수 있는 자유라는 것이 전혀 남아 있지 않을까? 자신을 바꿀 수 있는 자유는 없는 것일까?

굳이 인생의 선택이라는 거창한 주제를 꺼낼 필요 없이 내일 자신이 무엇을 할 것인가 하는 선택을 예로 들어도 상관없다. 일요일인 내일 집에서 한가롭게 텔레비전으로 축구라도 볼까? 아니면 오랜만에 일찍 일어나 도시락을 싸들고 교외로 하이킹을 나갈까? 이러한 선택은 나 자신의 의지에 의해 결정된다. 어느 쪽도 자유롭게 선택할 수 있다.

그렇기 때문에 인생은 운명이라는 필연성만 존재하는 것은 아니다. 스스로 운명을 바꾸려고 생각한다면 바꿀 수 있는 것이다. 오늘의 생활, 내일의 생활은 적어도 내가 정할 수 있다. 인생은 그런 매일을 선택한 결과로 나타난다.

운명이라는 것은 존재하지 않는다고 잘라 말하는 것도 잘못이고 운명이 모든 것을 결정한다고 생각하는 것 역시 잘못이다. 그러나 여기에서는 더 이상 애매한 결론은 내리지 말자. 운명은 우리에게 있어서 애매해서는 안 되는 중요한 문제이기 때문이다.

운명과 우리의 의지에 관하여 절충적인 생각, 예를 들면 "운명은 어느 정도 우리가 어떻게 할 수 없는 부분이지만 그 운명을 어느 정도 바꿀 수는 있다."라는 식의 답 정도는 누구나 쉽게 생각할 수 있다. 그러나 이런 애매한 답은 실제로는 아무런 도움도 되지 않는 위안일 뿐이다. '어느 정도'라면 어디까지인가? 어디까지는 바꿀 수 있고 어디부터는 불가능한지를 잘라 말하지 않으면 우리는 만족할 수 없다.

나는 분명히 사람은 바뀔 수 있다고 생각한다.

신체를 지배하는 주관성

나의 의지와 신체의 관계를 예로 들어 주관성과 객관성의 관계를 생각해보자. 나의 신체라는 객관성과 그것을 움직이는 나의 의지라는 주관성의 관계다. 여기에 나의 의지와 운명의 관계를 보는 열쇠가 있다. 이것은 우리가 운명이라는 객관성 앞에서 자신을 바꿀 수 있는가 하는 문제에 대한 대답이 될 것이다.

우선 나의 신체는 무엇에 의해 만들어지고 무엇에 의해 움직이고 있는지 생각해본다. 우리의 신체는 약 50조 개에 이르는 엄청난 수의 세포로 구성되어 있다. 뇌를 구성하고 있는 신경세포, 간장을 구성하고 있는 간세포, 혈액을 구성하고 있는 적혈구와 백혈구, 근육을 구성하고 있는 근섬유 등 신체는 모두 세포 덩어리다.

이 세포들의 움직임에 의해 우리의 신체는 살아 있을 수 있다. 이 세포들은 생화학에 의해 밝혀진 객관적인 법칙, 화학반응의 법칙에 의해 움직인다. 체내에서 일어나는 모든 움직임은 화학반응에 따라 제어된다. 섭취한 음식에서 포도당(glucose)이 만들어지고 포도당이 분해되어 ATP(아데노신삼인산)라는 강력한 에너지 물질이 만들어져 근육이 움직이고 신체가 움직인다.

이런 신체의 움직임을 모두 제어하고 있는 화학반응을 더 파헤쳐 들어가면 보다 기본적인 물리학 법칙에 의해 우리 신체가 조립되어 있다는 사실을 알 수 있다. 그렇기 때문에 음식물에서 에너지가 만들어지는 과정까지 포함해 신체의 모든 대사는 물리학의 법칙을 따른다. 신체에서 발생하는 현상 중에서 물리학 법칙으로 설명할 수 없는 현상은 없다. 만약 물리학 법칙에 위반되는 움직임이 발견된다면 노벨상을 열 개 주어도 부족할 것이다.

이처럼 나의 신체는 객관적인 자연법칙에 따라 움직이고 있다. 누구도 부정할 수 없는 사실이다. 예를 들어, 내가 손가락을 사용해서 워드프로세서로 문장을 입력하는 것은 가느다란 손가락의 근육이 움직인 결과다. 근육은 그 안에 있는 근섬유라는 세포로 이루어져 있고 근섬유는 그 안에 있는 액틴(actin)과 미오신(myosin)이라는 두 가지 단백질로 이루어져 있다. 액틴과 미오신은 ATP라는 물질로부터 에너지를 공급받고 물리와 화학의 법칙에 따라 서로 연계되며, 그 결과 근육이 수축되거나 이완된다. 즉, 내 손가락의 움직임은 물리와 화학의 법칙을 따르고 있다.

그렇다면 그 근육에 명령을 내려 움직이게 하는 것은 무엇일까? 그것은 운동신경이라고 불리는 신경인데, 그 말단에서부터 아세틸콜린(acetylcholine)이라는 물질이 분비되면 근육 막의 표면에 전기적인 변화가 발생하고, 그것이 액틴과 미오신에 전달되어 근육이 움직이기 시작한다. 이 일련의 흐름은 역시 물리와 화학의 법칙을 따른다.

그렇다면 운동신경은 어디에서 명령을 받을까? 명령은 대뇌 운동피질이라고 불리는 부분에 집합되어 있는 신경세포가 내린다. 이 신경세포의 움직임, 즉 그 안에서 이루어지는 복잡한 대사도 당연히 물리와 화학의 법칙을 따른다.

이처럼 신체의 모든 움직임은 자연법칙을 따라 움직이고 있다. 자연법칙은 나의 주관성으로는 바꿀 수 없는 객관적인 것이다. 그것은 나의 의지와는 독립적으로 존재하는 객관성이다.

여기에서 주관성과 객관성의 관계에 문제가 발생한다. 워드프로세서로 문장을 입력하기 위해 움직이는 신체의 일련의 움직임이 모두 자연법칙을 따른다고 한다면 거기에는 나의 주관성이 개입할 여지가 전혀 없는 것처럼 보인다. 마치 나의 손가락에서 벗어난 자동적인 기계 같은 느낌이다.

그러나 주관성을 생각할 때 잊어서는 안 되는 것이 있다. 그 자동 기계를 움직이기 시작한 것은 나의 의지, 곧 주관성이라는 점이다. 나의 의지가 없으면 신체의 복잡한 메커니즘은 발생하지 않는다. 내가 원할 때에만 나의 신체는 움직이고 원하지 않으면 움직이지 않는다. 이 단순한 사실은 나의 신체가 주관성에 의해 움직인다는 사실, 주관성의 통제 아래에 놓여 있다는 사실을 보여준다. 이것이 주관성과 객관성의 관계다.

그렇다면 나의 의지는 어디에서 시작되어 객관성을 움직이는지에 대해 생각해봐야 한다. 유감스럽지만 현재까지는 뇌의 어디에 나의 의지가 존재하는지 알 수 없다. 그러나 운동신경을 움직이는 뇌의 신경세포 안에도 이미 나의 의지는 포함되어 있다. 내가 원하지 않으면 뇌의 신경세포는 움직이지 않는다는 단순한 사실에서 알 수 있듯 나의 의지가 어디에서 오든 신경세포가 나의 의지를 실현시키기 위해 움직인다는 것은 틀림없는 사실이기 때문이다.

이때 신경세포는 이미 나의 주관성에서 벗어난 객관적인 물질이 아니다. 이미 주관성에 영향을 받아 주관성을 위해 움직이고 있는 물질이며, 나의 주관성과 대립하는 일은 없다. 주관성에서 벗어난 객관적인 물질은 사라진다. 그렇다면 이제 남은 것은 주관성에 침투한 객관성이다.

주관성에 침투한 신경세포는 주관성의 의지를 실현하기 위해 운동신경을 움직인다. 이때 뇌에서 손가락의 근육으로 연결되는 운동신경에 주관성이 침투한다. 그리고 운동신경으로부터 명령을 받은 손가락의 근육도 나의 주관성이 침투한 물질로서 나의 의지를 실현하기 위해 움직이기 시작한다.

이렇게 해서 나의 주관성은 객관적인 신체 안에 무한대로 침투해간다. 이미 설명했듯이 이것은 정신의 물질화 과정이다.

워드프로세서에 문장을 입력할 때 문장을 작성하고 싶다는 나의 의지는 객관적인 법칙 안으로 들어가 신체를 움직인다. 나의 주관성은 신체 안으로 침투해 손가락을 움직인다. 나의 의지에 따라 신경세포가 움직이고, 운동신경이 움직이고, 근육이 움직이고, 그 결과 모니터 화면에는 문자가 나타나고, 문장이 완성된다. 나의 의지가 50조 개의 세포로 구성되어 있는 신체라는 거대한 객관적 시스템 안으로 침투해 그것을 움직이는 것이다.

즉, 객관성 안으로 침투해 원하는 대로 그것을 움직이는 주관성의 성질은 주관성이 가지고 있는 결단하고 행동하고 실현하는 성질이다.

운명을 지배하는 주관성

주관성이 객관성의 내부로 침투해 객관성을 움직이듯 의지는 운명을 지배하며 그것을 움직인다.

우리의 마음속에는 지성을 감싸고 그것을 초월하는 감성과 주관성이 있다. 설사 지성이 해결할 수 없던 문제라도 감성과 주관성이 멋지게 해결한다.

자유와 운명이라는 어려운 문제에 부딪혔을 때는 다시 그 마음의 장소로 돌아가면 된다. 마음은 천성적인 순수성을 활용해 이 문제를 해결해줄 것이다.

스스로는 바꿀 수 없는 운명이라는 객관성과 자신을 바꾸고 싶다는 주관성이 마음속에서 정면으로 맞설 때 이 두 성질의 관계가 밝혀진다. 운명을 자각하는 시점, 그것은 주관성과 객관성이 교차하는 지점이다. 이 교차점에서 주관성은 운명의 내부에 침투해 운명을 움직이기 시작한다.

이미 이전에 한 번 탐구한 적이 있는 마음의 움직임, 즉 운명에 직면했을 때의 마음의 움직임을 다시 한번 재조명해보자.

마음속 지성의 움직임이 자신의 미래를 예측하거나 과거를 돌아보고 바꿀 수 없는 필연적인 운명을 가지고 있다는 사실을 깨달았을 때, 마음은 절망감을 느꼈다. 처음에 마음은 그 절망 앞에서 옴짝달싹도 할 수 없을 만큼 완전히 갇혀 있는 것처럼 보였다. 그러나 절망할 수 있는 능력을 가지고 있는 마음은 운명으로부터 눈을 돌리거나 운명이라는 필연성 앞에 무릎을 꿇지 않았다. 단지 조용히 절망을 바라보기만 할 뿐이었다. 그것은 슬픔과 억압이 뒤섞인 감정이었다.

그러나 절망 속에 잠겨 있는 시간이 길어지면서 마음은 어느 틈엔가 이 슬픔과 억압이 결국 자기 자신이라는 사실을 깨닫고 그런 감정들을 편하게 받아들이기 시작했다. 그것은 자신이 자신과 함께 존재한다는 편안함이었다. 이윽고 자신과 함께 있다는 만족감 속에서 슬픔과 무게를 있는 그대로 받아들이는 마음은 위로를 받는다. 사람은 자기 자신을 온몸으로 느낄 때 더할 나위 없는 행복을 맛볼 수 있다. 그것은 슬픔 속에서도, 기쁨 속에서도 바뀌지 않는 행복감이다.

자기 자신을 느낄 수 있다는 만족감 안에서 슬픔이나 절망은 어느 틈에 힘을 잃고 작아져간다. 충분히 감당할 수 있게 된 슬픔은 점차 사라지고 마음은 투명해진다. 운명, 절망, 슬픔 등 모든 감정을 있는 그대로 이해하게 된 마음은 다시 가볍게 움직이기 시작한다.

"어쩔 수 없는 운명이라면 있는 그대로 받아들이면 되지, 뭐. 어차피 바꿀 수 없는 것이라면 마음 편히 받아들이면 되는 거야. 나는 모든 의무감에서 해방되었어. 무슨 일이 발생해도 상관없어. 나는 항상 여기에 있는 거야. 변하지 않는 나 자신과 함께."

그것은 포기하는 방법을 이용해서 절망이라는 객관성의 무게를 덜어내는 것과 같다. 예상하지 못한 포기라는 행동에 의해 흐트러진 객관성은 무게를 잃을 수밖에 없다. 그 순간 주관성이 운명 속으로 침투하기 시작한다.

어차피 바꿀 수 없는 것이라면 이제 무엇을 해야 할지 생각하게 된 나는 운명으로부터 자유로워진다. 그리고 자유로워진 나는 자신을 좋아하는 쪽으로 바꿔가기 시작한다.

그런 나는 운명의 무게를 충분히 이해한 나다. 객관성의 존재를 충분히 맛본 나다. 그런 내가 움직이기 시작했을 때 그것은 운명을 피하거나 운명으로부터 눈길을 돌리는 움직임이 아니다. 이제 운명이라는 것이 무엇인지 잘 알고 있기 때문에 나 자신이 원하는 대로 행동하는 자유로운 움직임이다.

나는 운명 속에 침투하기 시작하고 운명을 자유롭게 움직이기 시작한다. 이것이 우리가 운명이라는 절망을 만났을 때 나타나는 마음의 움직임이다. 거기에서 운명은 자유로워진 나의 의지에 침투당한다. 운명은 나의 의지로부터 벗어날 수 없다. 나의 자유로운 주관성은 객관성 안에 끝없이 침투해 그것을 자유롭게 움직이기 시작한다. 그 결과 사람은 자신이 원하는 대로 스스로를 바꾸어나간다.

가장 무거운 객관성인 운명을 만났을 때 우리의 주관성은 보다 활기를 띤다. 절망할 수 있는 사람은 그 절망을 있는 그대로 수용하고 마지막에는 초월한다. 그리고 절망을 통과하는 과정을 통해 운명을 몰랐을 때보다 훨씬 더 주관적인 사람으로 바뀐다. 자신을 얽매고 있던 고루한 객관성이라는 해석으로부터 해방되어 자유롭게 움직이기 시작하는 것이다. 비로소 자신이 바뀐다.

운명이란 처음에 나의 의지와는 동떨어진 객관성에 의해 정해지는 것이었지만 그것을 이해했을 때 우리는 주관성을 만나고 이제는 그 주관성을 바탕으로 살기 시작한다. 자신의 일상생활에서 자신이 원하는 대로 하루하루를 살아간다는 것을 지침으로 삼는다. 주관성이 움직이는 대로, 마음의 순수성이 움직이는 대로 살아가는 것이다.

우리가 마음속으로 자신을 바꾸고 싶다고 생각해야 비로소 우리는 바뀌기 시작한다. 그때 내가 자신을 바꾸어가는 것 역시 나의 운명이다.

감사의 글

이 책은 '성인의 마음의 터닝 포인트'를 주제로 삼았다. 심리학 분야에서는 사람의 심리 발달이 영아기, 유아기, 아동기, 사춘기, 성인기의 흐름으로 이루어지며 기본적으로 성인기에서 끝난다고 말한다. 그 말처럼 영아기에서 성인기까지 마음은 끝없이 성장한다. 보통 유치원에 다니는 아동보다 성인이 시야가 더 넓고 지식도 많다. 지혜도 깊다. 하지만 심리 발달은 정말 성인기에서 끝나는 것일까? 이후에는 심리 발달이 없는 것일까? 이것이 이 책을 쓰게 된 동기다.

나는 지금 작은 정신과 클리닉을 운영하고 있다. 예나 지금이나 성인의 마음이 크게 바뀌고 넓어지고 깊어져가는 모습을 확인할 수 있다. 마음은 성인기, 즉 성인의 마음에서 완성되는 것이 아니라 더욱 발달하는 것이다. 20년 동안 내 경험을 통해 변함없이 확인할 수 있었다.

그리고 그 변화의 힘은 마음의 내부에 존재한다. 그 힘은 성인이라면 누구나 가지고 있는 스스로를 객관적으로 바라볼 수 있는 능력이다. 객관적으로 바라볼 수 있다는 것은 자신을 '속일' 수 있는가에 관한 문제다.

"저는 바보입니다. 또 저녁 식사 후에 케이크를 먹었습니다. 그래서 오늘은 아침부터 위장이 무겁고 일에 집중을 할 수가 없습니다. 이제 점심을 먹어야 하는데 역시 디저트를 먹을 것 같아서…."

이렇게 말하면서 쑥스러운 미소를 짓는다면 이것은 자신을 객관적으로 바라보는 것이다. 거기에는 자신을 통제할 수 없다는 포기와 작은 절망이 배어 있다.

사람은 객관적으로 바라보는 과정을 거치면서 자신의 상황에 절망감을 느끼며 곧이어 사물을 있는 그대로 바라볼 수 있게 된다. 절망 속에서는 그때까지의 고루한 경험이나 지혜가 도움이 되지 않기 때문에 다시 한번 자신을 재조명해야 할 필요가 있다. 즉, 절망에 의해 새로운 자신에 대한 감수성이 작용하는 것이다.

따라서 성인은 단지 자신의 마음에 순수하게 맞서기만 하면 된다. 그렇게 하면 자신을 객관적으로 바라볼 수 있고, 절망을 있는 그대로 받아들일 수 있으며, 새로운 감수성을 낳을 수 있다. 이것이 이 책의 주제인 '성인의 마음'이 성장하기 위한 세 가지 능력이다. 사람은 성인이 된 이후에도 달라질 수 있다. 아니, 성인이기 때문에 더욱 달라질 수 있다.

이 책의 내용이 보다 많은 분들에게 알려지고 도움이 될 수 있다면 정말 다행스러운 일이다.

마지막으로, 이 책을 출간함에 있어서 치쿠마쇼보(筑摩書房) 편집부의 하다 마사미(羽田雅美) 씨에게 많은 신세를 졌다. 깊은 감사의 말씀을 드린다.

다카하시 가즈미

독자 후기

내 마음을 이해하기 위한 바이블

이 책을 만난 것은 20대 초반 무렵이다. 그때까지 독서라고 하면 소설이나 에세이가 대부분이었다. 지인의 권유로 읽게 된 이 책을 펼친 순간을 아직도 정확하게 기억하고 있다. 부드럽고 매끄러운 문체에 점차 긴장하고 있던 마음이 풀어졌다. 책을 덮은 후에는 말로는 적절하게 표현하기 어려운 즐거운 시간이었다는 생각이 들었다.

그로부터 20년 가까이 시간이 흘러 나는 40대가 되었고, 이 후기를 쓰기 위해 오랜만에 다시 책을 읽어보았다. 그리고 깜짝 놀랐다. 지금 나의 사고방식, 사물을 포착하는 방법, 인간관계에 관해 지금까지 내가 체득했다고 생각하고 있었던 것들이 결국 이 책에서 유래된 것들이었다는 사실을 깨달았기 때문이다. 그동안 기억에서 완전히 잊혀 있던 내용들이 하나둘 되살아났다.

한 차례 외운 구구단을 평생 기억하듯 일찍이 내게 감동을 주었던 이 책은 나의 피와 살이 되어 있었다. 그야말로 나의 인생 바이블이었던 것이다.

이 책을 만나기 1년 정도 전, 나는 정신적으로 큰 혼란을 겪었다. 이유는 잘 모른다. 마치 깊은 나락으로 떨어진 것처럼 아침에 일어나기 힘들었고 밤에는 잠을 잘 수 없었다. 항상 수면 부족 상태에 놓여 있었기 때문에 아무것도 하고 싶지 않았다. 일을 나갈 때에는 늘 같은 옷을 걸쳤다. 나는 주로 양장을 좋아해 매일 다른 옷을 갈아입는 편이었는데 옷을 선택할 기력조차 없었다.

주변 사람들은 말로는 표현하지 않았지만 그런 나를 이상하게 생각했을 것이다. 나중에 한 지인으로부터 "나카에 씨, 그때는 표정이 너무 어두워서 어떻게 해야 좋을지 모를 정도였습니다."라는 말을 들었다. 그랬을 것이다. 나는 당시의 내 모습을 떠올리며 쓴웃음을 지어보일 수밖에 없었다.

나는 프랑스 파리를 방문했을 때 우울한 기분에서 벗어날 기회가 있었다. 파리는 처음으로 가보는 곳이었지만 일 이외에는 아무 곳에도 가지 않고 호텔 창문을 통해 광장만 내려다보고 있었다. 사람들이 끊임없이 오가는 석판이 깔린 광장을 얼마나 오랜 시간 지켜보고 있었을까. 갑자기 그때까지 무겁게 온몸을 짓누르고 있던 압박감이 사라지면서 몸이 가벼워지는 느낌이 들었다. 현재의 고민은 별것 아닌 사소한 것인지도 모른다는 생각이 들었다.

나의 체험과 왼쪽 다리를 잃은 B씨의 체험이 어쩌면 비슷한 것인지도 모른다. 나는 광장을 오가는 사람들을 보고 있는 동안, 일본을 벗어난 다른 나라에도 이렇게 많은 사람들이 존재한다는 사실과 함께 생활양식은 달라도 모두 담담히 자신에게 어울리는 생활을 하고 있다는 사실을 눈으로 확인했을 뿐이었다. 그 후, 서서히 생활이 개선되고 편안하게 잠을 잘 수 있게 되었다. 기력도 되찾았다.

마음은 정말 대단한 존재다. 내가 특별히 어떤 노력을 기울인 것도 아닌데 나라는 사람을 버리지 않았다. 대체 무슨 일이 일어난 것일까? 그것은 이 책에서 되풀이되고 있는 '해석'의 문제일 것이다.

사람은 누구나 마음을 가지고 있지만 그것의 형태도, 그것이 신체의 어느 부분에 존재하는지도 모른다. 다만 보이지 않아도 마음이라는 존재는 분명히 느낄 수 있다. 그 마음이 어떤 사건을 해석한다.

음식을 준비하는 도중 손이 미끄러지면서 접시가 깨져버렸다고 하자. 그것을 자신의 부주의로 생각하는 것은 당연하지만 불길한 징조로 받아들이는 사람도 있고 자신에게 닥쳐올 불행을 대신 막아준 것이라고 생각하는 사람도 있다. 양쪽 모두 같은 접시가 깨진 사건이지만 포착하는 방법, 해석하는 방법에 따라 결과는 완전히 달라진다.

파리에서의 사건을 내 나름대로 해석한다면 이런 것이다. 당시의 나는 주변에서 이상적이라고 생각하는 나와 현실적인 나의 괴리 때문에 고민하고 있었다. 이상적인 내가 되고 싶지만 현실에서 벗어날 수 없었다. 어떻게 해야 좋을지 몰라 가슴이 터질 듯한 기분이었다.

이상이나 현실은 아무래도 상관없다고 생각하게 된 것이

파리에서의 사건이었다. 나는 사람들이 상상하는 나도, 내가 상상하는 나도 될 수 없었고 그 때문에 초라한 나, 실력이 없는 나를 좀처럼 인정할 수 없었다. 이상과 현실의 어느 쪽에도 내가 있을 장소는 없었다. 그렇다면 어느 쪽에도 속하지 않고 있는 그대로의 나 자신으로 존재하는 수밖에 없다고 마음을 고쳐먹은 것이다.

이 책에서는 마음에는 세 가지 능력이 있다고 설명하고 있다. 첫 번째는 자신으로부터 벗어날 수 있는 능력, 두 번째는 절망할 수 있는 능력, 그리고 세 번째는 순수성을 느낄 수 있는 능력이다.

현재의 해석을 뛰어넘어 보다 깊은 해석을 낳는 과정을 통해 사람은 고루한 자신을 초월해간다. 사람이 천성적으로 가지고 있는 능력은 어느 정도 나이를 먹고 경험을 쌓지 않으면 발휘할 수 없는 능력이라고 한다.

나는 지금 이상적인 나와 현실적인 나 사이에 존재한다. 하지만 이전처럼 고민하지는 않는다. 어떤 의미에서 보면 포기의 경지에 이르러 있다. 마치 나 자신을 둘러싸고 있는 세상이라는 무대 세트를 바라보고 있는 연기자 같은 기분이다. 세트를 바꾸는 것은 내 책임이 아니다. 세트는 감독과 미술 담당자가 할 일이다. 연기자는 그 세트에 어울리는 연기를 하는 데에만 전념하면 된다.

저자는 '포기'라는 말을 사용했는데 그것은 엄청난 폭풍우를 통과하게 만들어주는 마법의 언어라는 느낌이 든다. 폭풍우가 찾아오면 그것을 두려워할 것이 아니라 그 자리에서 벗어나 피할 수 있는 행동이나 연구를 해야 한다. 무엇을 가장 우선시해야 할 것인가를 제쳐두고 기상이나 자연재해를 두려워하기만 해서는 목숨이 몇 개라도 감당할 수 없다.

이 책에 등장하는 한 여성은 가정 문제를 자신의 책임이라고 생각하고 고민하다가 "포기했어요."라는 말을 한 뒤부터 마음이 밝아졌다. 그녀가 얻은 것은 마음의 자유다. 마음의 자유는 마음의 능력과 마찬가지로 처음부터 우리 마음속에 갖추어져 있다. 단지 그것을 깨닫지 못할 뿐이다.

나는 젊은 시절에 이 책을 만나 멋진 체험을 할 수 있어서 정말 다행이라고 생각한다. 한편, 다시 읽어보면서 놀란 부분도 있다. 그것은 20대 때에는 먼 미래라고 생각하며 읽었던 부분, 즉 마음이 가지고 있는 능력을 제대로 사용할 수 있는 시기는 대부분 40~50대라는 내용이다.

나는 지금 40대가 되었다. 나이를 먹고 나이에 어울리는 경험을 쌓아온 자부심이 있다. 즉, 이제야 마음의 능력을 마음껏 활용할 수 있는 시기가 찾아온 것이다.

인생은 아무것도 보장할 수 없다. 불안은 늘 존재하며 어떤 곤란한 상황이 찾아올지 예상할 수 없다. 하지만 목숨이 붙어 있는 한 계속 살아야 한다. 내가 그 운명을 짊어질 수 있고 객관적으로 바라볼 수 있게 된 것은 이 책 덕분이다.

사람은 바뀐다. 마음의 훌륭한 능력을 최대한 활용하는 주체는 나 자신이다. 많은 사람들이 변화를 두려워하지 않고 새로운 자신을 만날 수 있기를 기대하며 이 책을 마음의 바이블로 추천하고 싶다.

나카에 유리(中江有里; 작가이자 배우)

그래도 사람은 달라질 수 있다

초판 1쇄 인쇄 2020년 3월 10일
초판 1쇄 발행 2020년 3월 16일

지은이 | 다카하시 가즈미
옮긴이 | 이정환
펴낸이 | 한순 이희섭
펴낸곳 | (주)도서출판 나무생각
편집 | 양미애 백모란
책임편집 | 김승규
디자인 | 박민선
마케팅 | 이재석
출판등록 | 1999년 8월 19일 제1999-000112호
주소 | 서울특별시 마포구 월드컵로 70-4(서교동) 1F
전화 | 02)334-3339, 3308, 3361
팩스 | 02)334-3318
이메일 | tree3339@hanmail.net
홈페이지 | www.namubook.co.kr
블로그 | blog.naver.com/tree3339

ISBN 979-11-6218-074-7 03180

이 도서의 국립중앙도서관 출판예정도서목록(CIP)은 서지정보유통지원시스템 홈페이지
(http://seoji.nl.go.kr)와 국가자료공동목록시스템(http://www.nl.go.kr/kolisnet)에서
이용하실 수 있습니다.(CIP제어번호: CIP2019028795)